中国
——とっくにクライシス、なのに崩壊しない“紅い帝国”のカラクリ

在米中国人経済学者の
精緻な分析で浮かび上がる

何清漣×程暁農
中川 友 訳

ワニブックス
|PLUS|新書

序文　はじめに

二〇一五年を境に、中国に対する国際社会の見方は「繁栄論」から「崩壊論」へと一八〇度転換した。このトピックスが注目を集めるきっかけとなったのは、ジョージ・ワシントン大学の国際政治学者デイビッド・シャンボー教授がウォール・ストリート・ジャーナル紙に寄稿した「終焉に向かい始めた中国共産党」〔#1〕という論評である。彼はワシントンでも有名な親中派の学者で、いわゆる「パンダ・ハガー」の有力者であり、「アメリカで最も影響力のある中国問題の専門家」と評されてきた人物である。シャンボーはかねてより「中国の平和的台頭」を唱えてきたが、そんな彼が突如「中国の崩壊」に転じたのである。数か月後、彼は自分の最終的な結論を「崩壊」から「衰退」に改めたものの、彼の劇的な認識変更が北京やアメリカに及ぼした反響は、かつてゴードン・チャンが『やがて中国の崩壊がはじまる』（二〇〇一年）〔*1〕を公刊した時の比ではなかった。シャンボー教授の中国に対する認識の変更がアメリカの中国研究界、ひいてはアメリカ政府に与えたインパクトは絶大であった。

私は二〇〇九年の時点でこう指摘していた［＊2］。——中国経済はすでに隆盛から衰退へと潮目が変わる転換点に踏みこんでいる。それは外資の大量撤退に表われ、「世界の工場」からの転落が始まっている。中国政府はやむなく四兆元（当時のレートで約五八六〇億ドル、約五七兆円。二〇一七年四月現在のレートでは、一元＝約一六円）の資金を費やし、「鉄公鶏《どけち》（鉄は鉄道、公は道路、鶏はインフラ）」［＃2］の建設・整備に投資して景気を刺激しようとしている。この不適切な投資は今後、深刻な生産能力過剰という問題を引き起こすだろう。

シャンボーの見解が発表されてからも、私は二〇〇四年に明らかにしていた自分の観点［＊3］をあらためて述べるにとどめた。シャンボーが列挙している中国に崩壊をもたらす要素は、どれもとうの昔から存在しており、ただちにそれが共産党政権を終焉に導くわけではないと考えたからだ。中国の現状と未来は「力強い繁栄」と「崩壊」の間に位置する「衰退はしても崩壊しない」、つまり崩れそうで崩れない状態にある。これが何を意味するかは後で詳しく述べることにしよう。

1　国際社会は中国をどう見ているか――平和的台頭から中国の没落へ

二〇一六年四月のアトランティック誌にアメリカのオバマ大統領へのインタビュー記事、「オバマ・ドクトリン」が掲載された［＊4］。このなかで、オバマは「弱体化しおびえた中国は、成功に満ち興隆する中国よりさらに脅威である」と語っている。その理由は次の通りである。

「かりに中国が失敗した場合、国民を満足させられるような成長軌道を維持できず、そのため国民の結束を図る原理として民族主義に訴えるとしたら、もし中国が国際秩序の維持、構築という大国に見合う責任をとても担えきれそうにないと感じたなら、もし中国がこの世界を勢力圏の視点からしかとらえないなら、我々は将来的に中国と衝突することになる可能性ばかりか、これから訪れる多くの問題の対処にはさらなる困難がともなうことを覚悟すべきだろう」

この発言はオバマ大統領がホワイトハウス入りして七年余りが経ってからのものである。大統領に就任した当初、彼の中国理解はほんの上っ面のものでしかなかった。だが、さすがにこの間、中国やアジア諸国との軋轢《あつれき》を経験し、厳しい風波にもまれてきただけあって、彼の中国認識はかなり深まったようである。

中国というこの世界一の人口大国は、その専制的な政治体制が原因で、いつも世界を不安に陥れてきた。ただ不安の理由は時代によってさまざまであり、国際社会は数多くの問題に懸念を表明してきた。まず一九九四年には「だれが中国を養うのか?」[#3]という食糧危機の問題が提起され、二〇〇三年からは「中国の台頭」が世界平和を脅かすのではないかという不安が広がり、現在では中国の衰退が世界に害を及ぼすことが懸念されているというわけである。どんなかたちで世界が迷惑をこうむるかについては、多種多様な予測がある。例えば、中国人自身が想定したなかには「黄禍《こうか》」論(巨大災害によって中国人が大量に海外へ流出する事態)のようなものがある。オバマ大統領が提起している「民族主義に訴えて民衆を組織する」という懸念は、中国のタカ派が鼓吹《こすい》している「軍事力を背景とした通商拡大」という見解に通じるものがある。

さて、ここで注目すべき現象は、中国に対する国際社会の見方にはいつも大きなブレが生じていることである。つい三年前(二〇一四年)までは中国は二〇三〇年にアメリカを抜き、世界で最も強大な経済体になるだろうという研究が幅を利かせていたかと思うと、一昨年からは中国の崩壊があれこれと論じられている始末である。この両者の落差は実に大きいが、その原因は外部のチャイナ・ウォッチャーにとって中国にはあまりにも大きな不確定性が存在するところにある。この不確定性が発生する原因は、ひとつにはチャイナ・ウォッチャーたちの中国に対する無理解にあり、もうひとつには国際社会における中国政府の度重なるルール無視にある。

2　中国は自国をどう見ているか——中国モデルの輸出から国内の危機対処へ

実のところ、北京は国際社会よりもずっと早く自国内部の危機に気付いていた。それは中国の対外宣伝の重点の置き方の変化からはっきり見てとれる。中国政府は自国の将来の経済成長については楽観的であった。しかし、二〇〇九年からその態度には微妙な変化が生じるようになった。

二〇〇三年の年末、中国共産党の理論界の重鎮、鄭必堅《ていひつけん》が「中国の平和的台頭」論を公表し、内外の注目を集めた。アメリカのフォーリン・アフェアーズ誌（二〇〇五年九・一〇月号）には彼による「中国の平和的台頭」という論文が掲載されたが、それからわずか三年の間に中国の対外宣伝のポイントは「平和的台頭」から「北京コンセンサス〔＊5〕がワシントン・コンセンサスに取って代わる」という論点に変更され、世界に向けて「中国モデル」を輸出するという意向が示された。しかも、これはベネズエラのチャベス大統領の大歓迎を受け、一時期、発展途上国では「中国モデル」がもてはやされるまでになった。

二〇一〇年、中国のＧＤＰが初めて日本を追い抜き、中国は世界第二の経済体となった。しかし、中国政府の将来的な見通しはかなり慎重なものへと転じ、中国は多くの方面でいまだ発展途上国レベルにあると述べるようになった。一一年三月、ＩＭＦ（国際通貨基金）のあるリポートが、購買力平価ベースで計算すると中国のＧＤＰは五年後にアメリカを追い越し、二〇一六年は「中国の世紀の元年」となり、「アメリカの時代」はもはや終わりを告げつつあると述べた。これに対し、中国側はただちに国家統計局の馬建堂局長がＩＭＦのリポートへの反論を公表し、中国の経済発展のレベルはまだまだ低い水準にあると訴えた［＊6］。一か月後には中国当局傘下の通信社が、ＩＭＦが購買力平価ベースで算出した結果得られた上述の結論はまったく正確ではないというニュースを配信した［＊7］。

中国政府がなぜ「世界ナンバーワンの経済大国」という名誉ある称号を拒絶したのか。その理由は、政府の指導部が中国に訪れるであろう経済的困難をすでに察知し始めており、その要因が克服の難しい内在的な病弊によるものであることを熟知していた点にある。

注意深いチャイナ・ウォッチャーなら気が付いていたかもしれないが、二〇〇九年以降、中国政府は「平和的台頭」という対外宣伝戦略を中止し、「北京コンセンサス」や「中国モデル」といったハイトーンの宣伝を打つことも取りやめた。その代わりに習近平が放ったのは、「中国は第一に革命を輸出しない、第二に飢餓と貧困を輸出しない、第三にあなた方（外国）に乱暴を働いて迷惑をかけるようなことはしない、これで十分だろう」〔二〇〇九年二月、外遊中のメキシコでの発言〕という言い草だった。

この時期から中国政府は一貫して国内問題の対処に全力で取り組むようになった。二〇一二年以降、習近平は最高権力層内部での激烈な権力闘争に明け暮れていたが、一五年までに周永康《しゅうえいこう》や令計画《れいけいかく》などの政府高官たちを監獄送りにした。それに続いて、中国政府は企業倒産にともなう大量の失業者対策に取り組み始めた。この後、習近平は徐々に社会統制を強化し、中国の政治および管理体制を批判する言論に対しては、例外なく厳しい弾圧を加えるようになり、声望ある政治的反対者が次々と逮捕されていった。

なかでも国際社会から激しく非難を浴びたのは、外国から資金援助を受けていた中国の各種ＮＧＯ（非政府組織）の資格を取り消したことである。数多くの外国機関が名指しされたが、その意図は海外の資金を使う中国のＮＧＯのメンバーに脅しを加えることにあった。政治的にさほど敏感とも思われない女性の権利にかかわるＮＧＯさえ資格を停止され、現在までに人権擁護を目指す弁護士や活動家が三〇〇名余り逮捕されている。このように日増しに深まる恐怖のムードのなか、二〇一六年一月にはアメリカ・カナダ・ドイツ・日本の駐中大使が連名で（ＥＵは単独で）中国公安部の郭声琨《かくせいこん》部長（部は省庁、部長は大臣に相当）に意見書を送り、中国で新たに制定された「反テロ法」と「インターネット安全（サイバー・セキュリティー）法」および「海外ＮＧＯ国内活動管理法」の草案について重大な関心と懸念を抱いていることを伝えた［#4］。各国とも強権政治の緩和を強く望んでいるのである。

3　国際社会の秘めた恐れと中国の前途

オバマは中国における民族主義の激化を心配していたが、それは国際社会が抱く懸念の半分でしかない。語られることのないもう半分とは、中国が対外的な軍事的拡張によって人口過剰の危機を転嫁するのではないかという懸念である。それはヨーロッパに押し寄せるシリア難民と同様の事態である。中国経済の衰退にともない、都市部における失業者は厖大な数に達している。

経済の衰退が始まってから、これまで中国当局と人民との間で交わされてきた「パン契約」の継続が困難になってきている。二〇一五年以降、黒竜江省の双鴨山《そうおうさん》炭鉱の労働者をはじめ、全国各地の国有企業の労働者が大規模な抗議行動を展開しているが、そのスローガンは「我々は食わなければならない」というものだ。

国際社会も中国にまつわる面倒事として、中国共産党という独裁政府のほかにもうひとつの事柄が存在することに気付き始めている。それは数億人の失業者に誰が仕事の口を与えられるのかという問題である。「中国の崩壊」という問題が二〇一五年以降ふたたび浮上してきた背景には、チャイナ・ウォッチャーたちがひそかにこう感じ取っていることがある。つまり、数多くの民主国家でさえ高い失業率という問題に直面している。まして、中国の人口・資源・雇用などの問題は、たとえ民主化が実現してもそうやすやすと解決できる問題ではない。これがオバマの「弱い中国は強い中国よりもなおいっそう脅威である」という発言の現実的な前提なのである。

アラブの春はアラブの冬へと転じ、その結果、シリアの難民危機が発生した。それは世界に二つの問題をつきつけた。第一は、秩序の破壊は秩序の再建よりはるかに容易であること。第二は、世界で発生している二億四四〇〇万の難民・移民［#5］がグローバルな秩序維持の面で核心的問題となっていること。二〇一五年以来、EUが直面しているシリア難民危機が証明しているように、開かれた民主社会も外から数百万の難民が押し寄せると、その脆弱《ぜいじゃく》な福祉システムゆえにたちまち立ちゆかなくなるのである。

中国は世界一の人口大国である。この国は古代からこのかた、ほとんどの時代を大災害や飢饉《ききん》とともに過ごしてきた。例外は漢代の「文景《ぶんけい》の治（前一八〇年～一四一年）」や唐代の「貞観《じょうがん》の治（六二七年～六四九年）」くらいである。中国は改革・開放政策を開始してほぼ四〇年、生態環境の犠牲と労働者の生命・福利厚生を代償にして経済成長を遂げ、中国人にしっかり飯を食わせることだけは果たしてきた。先に中国の統治者と庶民の間で交わされた「パン契約」と述べたが、それは政治面では一般民衆の各種権利を剥奪するものの、代わりに経済成長を請け負い、庶民に雇用と衣食住の面で基本的な供給を保証するということであった。中国経済が高度成長を見せた段階では、国際社会は中国の経済発展が民主化をうながすことになるだろうと考えた。ビル・クリントン大統領の在任時に、一〇年にわたる対中法制度整備支援計画が策定され、二〇〇三年には実施に移される運びとなったが、これも米中間の法律面での協力が中国の法治確立をうながし、ひいては中国に民主化をもたらすことを願ってのプランだった。

二〇〇三年に「中国の平和的台頭」論が登場してから、国際社会は「強大な中国が国際社会への脅威となる」ことを懸念したが、今では「弱い中国は強い中国よりなおいっそう脅威である」という見方に変わった。一〇年の間に、中国に対する観察と研究はぐるっとひと回りして、またふりだしに戻った格好である。オバマ大統領の「弱い中国」に対する見方は、たしかにひとつのリアリティーのある問題を提起しているだろう。だが、私たちの長年にわたる研究と理解に基づけば、中国にはもともとアメリカを超える可能性は存在しないし、中国が思わぬかたちで外国と衝突するケースを除いて、近い将来に崩壊することもまたあり得ないのである。

4　中国の台頭と没落は同根である――共産党資本主義

二〇一六年の各種経済指標は、中国経済がすでに長期の低迷期に入っていることを明示している。しかし、同年五月に発表されたピュー・リサーチ・センターの世論調査では、依然としてアメリカ人の半分が台頭する中国はアメリカの主要な脅威であると考え、さらに四分の一は中国をアメリカのライバルとみなしているという結果が示されている［＊8］。世界の大半の国、とりわけ中国周辺の諸国は、台頭する中国が一日でも早く民主化への道を歩み、国際関係の対処では基本的に国際ルールに則って行動し、周辺諸国との摩擦を減らし、ともに繁栄する友好的な関係を築くことを切に願っている。

では、中国は民主化への道を歩めるのだろうか。中国の経済的繁栄は結局のところ政治の民主化をうながすのか、それとも共産党の独裁体制を強化することになるのか。これは「紅《あか》い中国」の前途だけでなく、中国の周辺国家の将来の安全保障にもかかわることである。

世界銀行やＩＭＦといった有名な国際機関も含めて、世界は中国経済の展望について羨望の目でとらえているようだ。中国経済ということの「急行列車」に乗車したがる国も少なくない。だが、毎年初めに中国の経済情報をネットで収集してみると、驚くべきことに気が付くだろう。二〇〇八年から一六年まで、経済系メディアの年頭ニュースには毎年いつも同じ見出しが掲げられているのだ。「今年は中国経済にとって最も困難な一年となる」[＊9]。こういった見解を発表するのは、時に首相本人であったり、有名なエコノミストであったりする。楽観的なチャイナ・ウォッチャーに言わせれば、こんな懸念は取り越し苦労ということになるだろうが、中国経済の実状を把握している者なら、中国が九年連続で経済がきわめて困難な局面を迎える可能性を憂慮することはよく理解できる。中国政府やエコノミストたちは自国の経済発展を過小評価しているのではない。中国経済は数多くの難題を抱えている。いびつな産業構造のほかで言えば、社会的分配の不公正が内需不足をもたらし、さらにそれは中国経済が成長するための動力不足の主要な原因となっているのである。

一九七〇年代の後半から、中国は経済改革をおし進めてきた。共産党政権の従来からの経済制度を変革し、公有制と計画経済の堅持を放棄した。四〇年近い改革を経て、中国には共産党政権と資本主義の「結婚」という政治経済制度が出現した。これこそが中国モデルであり、冷戦後の世界現代史上における「奇跡」となった。これが「奇跡」と呼ばれるのは、共産主義運動の「聖典」たる『共産党宣言』が、共産主義と資本主義は敵対するほかなく、プロレタリアートによって結成された共産党は資本主義の墓掘人となるだろうときっぱりと宣言していたからである。では、中国の経済改革が生んだこの独特な政治経済制度をどう認識すればよいのだろうか。私たちはこれを共産党資本主義（コミュニスト・キャピタリズム）と呼んでいる［＊10］。

共産党資本主義とは独裁政権下でのクローニー資本主義〔権力者・富裕層による縁故資本主義〕と国家資本主義の合体であり、「中国モデル」とはその耳触りの良い別名にすぎない。つまりそれは、資本主義の廃絶を目指した共産党が社会主義経済体制の失敗を経て、資本主義経済体制に切り替えることで共産党政権の統治を維持することを意味する。と同時に、共産党の各クラスの官僚とその親族は、市場化を通して手中の権力を行使し、企業家や大規模不動産所有者、巨額の金融資産保有者といった各タイプの資本家へと変貌し、中国社会の大半の富を握るに至った。こういった利益構造のあり方ゆえに、「紅い」権力者や富裕層は共産党政権による統治の維持を必要とするのである。というのも、共産党政権のみが彼らの生命と財産の安全を保障でき、今後とも政府が独占する業種で彼らが大金を搾取し続けることを保証してくれるからである。

共産党資本主義の備える略奪性を理解しなければ、この二〇年余りで中国が繁栄から衰退へと歩んできたプロセスを理解することはできない。実はそれは中国モデルの宿命なのである。私はかつて『中国現代化の落とし穴』〔#6〕のなかでこう指摘したことがある。――中国の改革路線の特質は権力の市場化にある。このあり方は中国モデルと呼ばれる。すなわち、〈全体主義政治＋資本主義〉である。

中国経済の急速な発展と一時的な繁栄は、共産党資本主義を実行した成果である。というのも、このモデルは政府にすべての資源（リソース）を集中させるのに都合がよく、生態環境の汚染や犠牲をかえりみず、民生と民衆の健康を無視し、略奪的な方法で経済を高度成長させ、世界最速のスピードでＧＤＰを増加させてきたからである。それと同時に、「紅い家族」のメンバーと党官僚が公共財を大いに略奪し、私腹を肥やしたのである。

一方、中国経済の衰退も共産党資本主義が作りだしたものである。なぜなら、このモデルは腐敗の蔓延《まんえん》をもたらし、短期間の間にワールドクラスの大富豪を多数誕生させたと同時に、数億の困窮者を生んだからである。中国の金持ちと豊かな中産階級が世界中でぜいたく品を買い漁っている時、数多くの貧乏人は日々の暮らしさえおぼつかない状態にあえいでいた。こうした深刻な貧富の格差は、中国社会の各階層間に、身分に基づく深くて大きな溝を生んだだけでなく、社会全体に怨嗟《えんさ》の声が満ち、憎悪の感情が渦巻くという事態を招いてしまったのである。

今や繁栄は過去のものとなり、苦い果実を収穫しなければならない時がやって来た。中国人が目にしているのはスモッグと汚染された大地、真っ黒な河川、枯れ果てた湖沼であり、仕事の機会を得ようもない数億の失業者なのである。

先に述べた「衰退するが崩壊しない」というのは、中国がこうした状態に長期間、陥ることを指している。どんな社会であれ、その生存を支えるためには四つの基本要素を必要とする。

1　社会の生存基盤としての生態環境。例えば水や土壌や大気の安全性である。

2　社会の構成員間の関係を調節する行動規範たる倫理・道徳のシステム。

3　社会の構成員の生存を確保するための最低ライン。具体的には就業率を指標とする生存権。

4　社会の正常な運営を維持する政治的な統合力。これは法律制度の面から社会の構成員に強い拘束力を加える。

以上の四要素のうち、中国に今残されているのは第四の政府による強圧的な統制だけである。ほかの三大要素はすでに崩壊したか、あるいは崩壊しつつあるというのが現状である。さらに悲観せずにいられないのは、第四の政治制度だけは変革によって短期で立て直しが可能であるが、ほかの三者は長いスパンを要する生存要素であり、たとえ政権交代が起きても数十年以内に抜本的な変革が達成されるとは思えないことである［＊11］。

中国政府はすべての資源を集中させて「安定の維持」に努めている。かたや中国の民衆は自己組織化の能力に欠け、「ばらばらな砂」に等しいため、中国共産党という巨岩には抗《あらが》うすべもない。したがって共産党政権は今後二〇年から三〇年、崩壊することはあり得ず、中国社会は長期にわたって「衰退するが崩壊しない」状態のままに置かれるだろう。このプロセスは共産党政権が中国の未来を犠牲にして自身の存続を図るプロセスであり、中国が日々衰えてゆくプロセスにほかならない。もちろん、それは中国が外に向けて負の影響をまき散らすプロセスでもある。例えば、海外への中国人の大量移住、環境汚染の外国への流出、国内の矛盾から目を逸らさせるために対外的な衝突を仕掛ける等々である。

5　盗賊型政権

現時点でWTO（世界貿易機関）加盟国のうちロシア、ブラジル、ニュージーランド、スイス、オーストラリアなど八一か国が中国を「市場経済国」と認定している〔二〇一六年一二月、日米およびEUは認定を見送った〕。市場経済を実行し、経済のグローバル化に積極的にかかわっている中国は、地球上の大半の国家と同じように、市民社会を形成し、専制制度の代わりに民主制度を用いることができないのだろうか。ところが、異様なことに、中国政府は民主化へ歩むことなどさらさら考えていないのである。二〇〇五年以来、胡錦濤《こきんとう》の時代であれ現在の習近平であれ、中国政府は西側の民主制度を採用することなどあり得ないと度々明言してきた。なぜ彼らはこれほどまで社会主義制度を頑なに守ろうとしているのか。その理由は中国政府がもはや「盗賊型政権」にまで堕していることにある。しかも、そこには世界中のありとあらゆる「盗賊型政権」の悪しき特徴がひとつ残らず備わっているのだ。

あるアメリカの政治学者がアフリカ、南米、南欧などの腐敗した政府を「盗賊型政権」と呼んだことがある。「盗賊」という言葉が使われているのは、彼らが厚顔無恥にも公共財と民間財を略奪してはばからぬ統治者であるからだ。そのあり方は四タイプに分類される。まず収賄者が上層に集中している場合には二つのタイプがある。第一は、政府と企業が結託し、両者で独占を形成しているケースである。第二は、「盗賊統治」がすでに実施されている国家である。さらに収賄者が中層・下層に分布している場合にも二つのタイプがある。第一は、資源分配のコネを求めて賄賂が下から上へと螺旋《らせん》状に昇っていくケースである。第二はマフィアが国を牛耳っているケースである。これら悪名高い「盗賊型政権」の実例としては、一九五四年から八九年までパラグアイを統治したアルフレド・ストロエスネル政権、一九六五年から九七年までのザイールのモブツ政権、一九五七年から八六年までのハイチのデュバリエ父子による独裁政権などが挙げられる［＊12］。こうした政権は極端な腐敗にまみれ、役人たちが公共財と民間財を好き放題に略奪するため、その統治下にある民衆はまともな生活を送れない。だが、彼らは最終的にはいずれも政権を転覆され、無残な末路をたどっている。

さて、中国の現政権は今述べた「盗賊型政権」の特徴をすべて兼ね備えている。収賄者は政府の上層から中層・下層に至るまで広く分布し、どんな小役人であれ、手中にある権力を利用してレント・シーキング〔権力を利用した不法な超過利潤の追求、すなわち汚職・腐敗を指す〕にいそしまない者はいない。世界の数ある「盗賊型政権」が用いた略奪手段は、ひとつ残らず中国で実践されている。そのポイントは以下の通りである。

1　産業管理制度は役人たち個人のレント・シーキングの手段と化している。儲《もう》けが出そうな業種では、許可証はたちまち役人たちが私腹を肥やす手段となる。例えば炭鉱や金鉱など各種鉱山業の採掘許認可制度は役人が財を成す格好の金づるとなっている。その結果、中国は世界最悪の鉱山事故多発国となり、無軌道な乱掘によって深刻な環境汚染が発生している。

2　国家による土地の独占は、暴利を得んとして権力者たちが群れ集う場となっている。中国の役人は土地転売で荒稼ぎする不動産ブローカーさながらである。政府は権力を行使して強制的に庶民に立ち退きを迫り、それを高値で不動産デベロッパーに売却して暴利を得る構図である。汚職・腐敗によって取り調べを受けた役人のうち、土地にかかわる容疑はきわめて多く[＊13]、中国の富豪のうち、不動産業者の占める割合は非常に高い[＊14]。

3

国有企業の私有化（民営化）は国有企業の管理者層と地方政府の役人たちが暴利を貪る巨大な「金鉱」と化している。国有企業の売却が腐敗の温床となっていることは数多くの事例が物語っており、中国全体でも国有企業の責任者による犯罪は、汚職・腐敗事件の主要部分を占めている。例えば、二〇〇四年の国有企業管理者層による職務犯罪は、摘発された贈収賄事件総数の四一・五％を占め、そのうちかなりの部分が国有企業改革関連であった。一四年には習近平が国有大企業の反腐敗キャンペーンを展開し、一年のうちにトップクラスの幹部一一五名を逮捕した。そのなかには中国石油天然気（ペトロチャイナ）、中国南方航空、華潤集団、中国第一汽車集団、中国石油化工（シノペック）などグローバル企業の最高幹部が多数含まれている[＊15]。

　中国の改革はもうじき四〇年を迎えようとしているが、いつまでも未完のままである。あらゆる改革は権力者たちが富を蓄える有効な手だてとなってきた。例えば国有企業の私有化（民営化）、証券市場の設立、金融監督管理体制改革など、どの改革でも一連の官僚たちが富豪になった。習近平がトップになってから、彼はみずからの権力を強化するため、政敵を打倒する手段として反腐敗キャンペーンを展開し、同時に官僚への締め付けも強化した。役人たちは、この政策によって金づるが絶たれかねないと判断し、不作為に徹してその場をやり過ごそうとしている。

「紅い中国」はとうの昔に共産党エリートの私物と化している。だが、統治集団は「紅い山河〔共産党政権〕」を守れ、それは永遠に色あせないというプロパガンダを繰り返すばかりである。上述したような、強盗さながらの略奪行為の氾濫《はんらん》は、広範かつ深刻な社会的不満を呼び起こし、政権は政治的にハイリスクな状態に置かれている。したがって、安定の維持は統治集団に共通する強迫的な夢想という様相を呈している。さすがに略奪した資産は政権交代のリスクには耐えないと心配してか、中国の政治エリートたちは外国への移住をことのほか好む。その結果、中国は世界最大の資本逃避国となった〔＊16〕。

中国政府は統治集団の利益を守るため、すべての社会的資源を動員して政権の安定を維持してきた。これが長年、中国の安定維持費（いわゆる公共安全支出）が国防費を圧迫してきた原因である［＊17］。中国政府は厳格な社会統制と強権政治によって、どんな形式の社会的抵抗であれ、それらをすべて萌芽《ほうが》のうちに摘み取ろうとしている。現段階での社会底辺層の不満や各種の集団騒乱事件、あるいはネット上での「共産党官僚を粛正するぞ」、「民主化がなった暁にはお前ら一家は皆殺しだ」といった過激な書き込みは、共産党の統治維持への決意を強めこそすれ、決して穏やかで平静な民主化への転換を実現するよう共産党をうながすものではないと言えるだろう。

現在、中国はおよそ克服不能の経済的、社会的な難題に直面している。そのため、おそらく今後二〇年は衰退（decay）の状態が続くだろう。アメリカの二〇〇八年以降の経済情勢がU字型を描いているとしたら、中国はL字型である。しかもLの下の横棒は右肩下がりのままである。鄧小平《とうしょうへい》以後の中国政府の政治ロジックはこうである。経済発展が順調で社会が安定していれば、それは中国モデルの有効性を物語っており、改革の必要はない。経済が減速し、人心が不穏になれば、安定の維持が最優先課題である。政治改革は政権を危険にさらすだけである。現任の政治局常務委員である王岐山《おうきざん》は日頃から友人や部下にフランスの歴史家トクヴィルの『旧体制と大革命』をぜひとも読むよう薦めているという。彼には「トクヴィルの法則」に深く思い当たるところがあるのだろう。「悪しき政府にとって最も危険な時期とは、一般に自ら改革を始めるそのときである」（アレクシス・ド・トクヴィル『旧体制と革命』小山勉訳・ちくま学芸文庫）。こうした「改革は死を招く」という思考に支配されたまま、中国共産党は専制独裁を維持し、民主化の道へ歩もうとはしないのである。

【原注】

＊1 Gordon Chang, "The Coming Collapse of China", New York: Random House, 2001.〔邦訳は『やがて中国の崩壊がはじまる』草思社刊〕

＊2 何清漣《２００９年、中国经济的非理性〝繁荣〟》、《看》双周刊、第53期、２００９年12月31日。

＊3 何清漣《威权统治下的中国现状与前景》、《当代中国研究》、２００４年夏季号。〔邦訳は『中国の闇　マフィア化する政治』扶桑社刊〕

＊4 Jeffrey Goldberg, "The Obama Doctrine", The Atlantic, 2016 spring issue.

＊5 Joshua Ramo, "The Beijing Consensus", The Foreign Policy Centre, May 11, 2004.

＊6 马建堂《全面认识我国在世界经济中的地位》、《人民日报》、２０１１年3月17日。

＊7 《中国ＧＤＰ总量5年超美引争议 算法不同致〝被提前〟》、中国新闻社、２０１１年4月29日。

＊8 Pew Research Center, "Public Uncertain, Divided Over America's Place in the World: Growing support for increased defense spending", May 5, 2016.

＊9 《每一年、都是〝最困难〟的一年》、经理人分享、２０１６年1月6日。

＊10 Xiaonong Cheng,〔程暁農〕"Capitalism Making and Its Political Consequences in Transition-A political economy analysis of China's communist capitalism", in Guoguang Wu and Helen Lansdowne, eds. "China's Transition from Communism—New Perspectives", London & New York, Routledge, Nov. 2015, pp.10-34.

＊11 ＊３に同じ。

＊12 Susan Rose-Ackerman, "Corruption and Government : Causes, Consequences, and Reform", New York,

Cambridge University Press, 1999, pp.113-126.

＊13　叶开《近17年全国卖地收入超27万亿 资金去向鲜有公开》、中国新闻网、２０１６年２月16日。

＊14　张晓玲《百富榜镜像：中国地产富豪16年兴衰史》、《21世纪经济报道》、２０１５年10月22日。

＊15　《２０１５开辟国企反腐第二战场》、人民网、２０１５年1月18日。

＊16　Ken Brown《中国资本外流规模创纪录有何影响》、《华尔街日报》、２０１６年1月29日。Keith Bradsher《中国资本外流愈演愈烈、人民币再遇考验》、《纽约时报》、２０１６年２月14日。〔英文は Keith Bradsher, "Chinese Start to Lose Confidence in Their Currency"〕

＊17　徐凯等《公共安全账单》、《财经》杂志、２０１１年第11期。陈志芬《两会观察：中国军费和〝维稳〟开支》、ＢＢＣ中文网、２０１４年3月5日。

【訳注】

＃1　原題は"The Coming Chinese Crackup"である。デイビッド・シャンボーは中国における共産党支配がすでに最終段階に入っていると指摘し、その要因となる兆候を五つ挙げている。①経済エリート、富裕層が大挙して移住への準備をしていること。②政治的締め付けの異様な強化。③政権支持者による面従腹背の態度とプロパガンダの無力化。④社会全体への腐敗の蔓延《まんえん》、浸透。⑤体制的なワナ（systemic traps）に起因する構造的な経済危機。以上の五点はかねてより指摘されていた問題点であり、新味のある議論とはとても言えないが、シャンボーは「中国の夢」は虚妄であり、習近平は裸の王様だとまで言い切っている。中国政府にも厚遇されてきた代表的な親中派研究者シャンボーによって共産党支配の崩壊が提起されたことは、アメリカの対中政策の潮目が変わった印象を内外に強く与えた。なお、パンダ・ハガー（パンダを抱きしめる者）は親中派の別称。反対に対中強硬派はドラゴン・スレイヤーと呼ばれる。

#2　鉄公鶏は中国語で羽一本抜かない鉄の雄鶏、転じて「どけち」の意味。公共投資への空前の大盤振る舞いに対するささやかな諧謔《かいぎゃく》ともとれる。

#3　ワールドウォッチ研究所長のレスター・R・ブラウンが一九九四年に公表した論文「だれが中国を養うのか?」（邦訳はダイヤモンド社刊）を指す。同論文のなかでブラウンは中国の巨大な人口増加、急速な工業化にともなう耕地の減少と食習慣の多様化、気候変動と環境悪化がもたらす砂漠化と水不足など数々の要因を挙げて、中国の食糧完全自給体制が崩れ、ひいては世界の食糧需給情勢に大きな危機が訪れると予測した。事態はブラウンの予測通りに進行し、中国は現在、世界有数の穀物輸入国に転じようとしている。

#4　習近平政権は二〇一四年一一月の反スパイ法、一五年七月の国家安全法に引き続き、強権統治を強固にする法制化を着々と進めている。日米独加四か国の駐中国大使は、草案の法制化を前に「新たな法制化は商業活動を阻害し、革新を遅らせ、人権を守るという国際法上の義務を破る可能性がある」という意見書を提出したが、中国当局は「立法権と司法権は中国の主権である」としたうえで、「外部の者は最終的な結果を受け入れなければならない。それは西側の大使も分かっているはずだ」と応酬した。

#5　国連難民高等弁務官事務所（UNHCR）の報告によれば、二〇一五年時点で戦火や飢餓から逃れ、自分の生命を守るために母国を離れた難民は一九五〇万人。また、自国より経済的に豊かで、安全かつ自由な環境を求めて移動する、いわゆるグローバル移民は二億二四五〇万人と推計され、両者を合わせると二億四四〇〇万人になる。

#6　本書の著者の一人である何清漣の代表作『中国現代化の落とし穴——噴火口上の中国』（邦訳は草思社刊）は、

序文　はじめに

中国が社会主義的計画経済から市場経済へ移行するプロセスで、政治体制改革抜きの経済改革が「権力の市場化」あるいは「市場の権力化」を誘発し、経済成長のなか、恐ろしいほどのスケールで腐敗と頽廃《たいはい》が進行する姿を克明に描き、内外に衝撃をもたらした。同書の刊行は一九九七年の香港版（明鏡出版社）を皮切りに、九八年に大陸版（今日中国出版社）、二〇〇二年に日本語版と続き、英語版・ドイツ語版も出版され、現代中国を解読するための必読書として高い評価を受けている。

もくじ

第一章

富と権力の継承

民主的な国家では、第一期〇〇政権、第二期〇〇政権、あるいは第一次〇〇内閣、第二次〇〇内閣という呼称が定着している。しかし、中国と北朝鮮では指導者は「第一代、第二代、……第X代」と呼ばれる。この呼び方は、共産党の政治権力の継承者が前任者によって計画的に育成されていることを暗示している。「後継ぎ」になる条件の適合者は、通常「紅《あか》い家族」の子孫である。彼らの親世代は基本的に一九四九年の建国時に中央政府の副部長（副大臣）あるいは軍長（少将）以上の高官である。このレベルの高官の子弟でなければ「紅二代《こうにだい》（共産党高級幹部の二代目）」とは呼ばれない。紅二代のなかでも両親がともに高級幹部である場合、彼らは「太子党《たいしとう》」と呼ばれる。このグループは、権力の継承の面でも蓄財の面でも生まれながらにして有利な立場にある。彼らが権力の継承に関して特別な地位を持っていることは、憲法においても共産党の党規約においても明文化されているわけではないが、憲法や党規約を超越する「裏ルール」として政界ならびにビジネス界で尊重されている。紅二代の一部は、親の地位と人脈をたやすく利用できるという立場を使い、政治権力を獲得したり、社会の富を大量に略奪したりしている。こうした紅二代、あるいは縁戚関係を通して「紅い家族」入りした人物が、公有資産を私有化する中国の改革プロセスの主力軍であった。その富と経済界での実力から判断する限り、彼らこそこの中国という国の真の主人公であり、所有者である。

1「紅い家族」の不正蓄財——その裏側

二〇一二年の一一月の末、私（程暁農）がプリンストン大学で同僚のアメリカ人教授と談笑していた時のことである。彼は、机の上に置いたニューヨーク・タイムズ紙のある記事［＊1］を指さしてこう言った。

「いやあ、驚いたね。一〇年間首相をやって、二七億ドルを一家でせしめるなんて、ちょっと想像もつかないよ」

この記事は一〇月二五日に報道された「温氏ファミリーの隠し財産」［＊2］に続く、ニューヨーク・タイムズ紙の第二弾の調査報道で、温家宝一族と平安保険公司との癒着を伝えていた。一連の報道では、中国の温家宝首相の一族が平安保険公司を利用して、なんと二七億ドルもの不正蓄財をしていたスキャンダルが暴かれた。同じ頃、ブルームバーグ社も中国共産党総書記・習近平の姉の斉橋橋《せいきょうきょう》とその夫の鄧家貴《とうかき》ほか一〇〇名余りの紅二代が権力を濫用して不正蓄財をしていた事実を伝えていた［＊3］。

改革・開放政策の開始以来、「紅い家族」の不正蓄財にまつわる話は広く世界に伝わっていたが、中国人だけはそれが「国家機密」扱いになっていたため、香港の政情誌を通してしかうかがい知ることができなかった。当時、誰よりも早くビジネスに手を出したのは鄧小平の子女であった。一九八九年の天安門の民主化運動の重要な発端のひとつは「打倒官僚ブローカー」であった。その標的は鄧小平の長男・鄧樸方《とうぼくほう》が創設した康華公司に向けられ、鄧樸方は「中国最大の官僚ブローカー」と目されていた。一九八〇年代の中国は計画経済を実施しながら、二重価格制度も始めようとしていた。各種物資は計画経済に則って供給されていたが、石油・ガソリン・鋼材・テレビなどの品薄物資については、一部を安価な計画価格で供給する一方、政府機関はある種の「コネ」のある人物（例えば紅二代）が相当数の品薄物資を入手できるよう認可することができ、彼らに計画価格よりはるかに高価な市場価格で売らせ、利益を得させていた。康華公司は鄧小平一族というバックがあるおかげでこうした物資を容易に入手することができた。時にはみずから販売するまでもなく、政府の受取許可証を転売するだけで、濡れ手に粟《あわ》の大金を手にすることができた。コネのない人間にこうしたチャンスは訪れない。そのため、市井《しせい》の人々はこれを「官僚ブローカー」と呼んだのである。

紅二代と高級幹部の子弟・親族が権力を利用してビジネス活動にいそしむ姿は、江沢民と胡錦濤の時代に目にあまるほどのピークに達した。彼らはまんまと金融やエネルギー業界に進出し、私募ファンドの運営や国有企業の掌握によって、まさしく一族と国家が一体となった利益運搬メカニズムを作りあげた。彼らは公然と国有資源と公共財の山分けに走ったが、これは中層・下層の役人による腐敗行為の悪しき手本となったばかりでなく、一般の中国人の大きな怒りを買った。

こうした盗品山分け体制は表面的には共産党の「規律」が禁止している行為である。一九八五年という早い時点で、中国の党・政府という二大最高権力機関はこう規定している。――「およそ県・団クラス以上の指導幹部の子女、配偶者は国営企業、集団企業、中外合資企業、および従業員の子女の就業問題解決のために創設された労務奉仕的な業種への勤務を除いて、一律にビジネス活動に携わることを禁じる。すべての幹部の子女、とりわけ経済部門に勤務する幹部の子女は、その家庭関係や影響力に基づいて、ビジネス活動に参画または招請されること、公定価格と自由価格の差異を悪用したり、立場を利用してコネをつけたり、違法な転売を手がけたりして、暴利をむさぼってはならない」［＊4］

だが、この党内規則は紅二代には空文同然である。共産党はこれまで党規違反を犯している高級幹部およびその親族・子女を真剣に処分の対象としてこなかった。ただ、世論の圧力が高まった時だけ、この規則が存在することをあらためて強調するのである。一九七九年から二〇一一年までに五八回もの中国共産党中央規律検査委員会総会が開催され、この文書の規定が強調されてきた。そのほかにも、幹部の親族が政府関係のビジネスにかかわることを禁止する一一〇もの法律・法規が存在する［＊5］。

二〇一二年に中央規律検査委員会がウェブサイトを開設した際、「反腐敗」の最初の文書として紹介されていたのが一九八五年のこの文書であった。だが、こういった文書、規定が目くらましにすぎないことは明らかだ。大半の共産党高級幹部の親族・子女がみな夫や両親の権力を悪用して蓄財していることは事実が証明している。

改革・開放政策の開始以来、中国にはたくさんの富豪が現れた。報道によれば、二〇〇九年の一万の富豪ファミリーの総資産は二兆一〇五七億元、つまり平均二億元であり、上位三〇〇〇の資産総額は一兆六九六三億元、平均すると五億六〇〇〇万元に達するという［＊6］。こうした富豪は三種類のタイプに分類できる。裸一貫、草の根からはい上がってきたビジネスマン（浙江と広東に多い）と半官半民の「紅帽ビジネスマン」という二つのタイプを除けば、やはり「紅い家族」が重要な一タイプである。

この三種類のタイプのなかでは、草の根タイプは主に自分の能力がよりどころである。「紅帽ビジネスマン」は官界に人脈を持ってはいるものの、ビジネス上のテクニックや決断力が求められる。それに対して、「紅い家族」の富豪たちに十分な経営能力があるわけではないが、彼らには生得の有利さが備わっている。つまり「紅い家族」出身という確固たる政治的背景とそれにともなうコネのネットワークである。紅い資本主義を生み育てた中国というこの大地では、彼らの「家族＝一族」という資源はほかの何物にも代えがたい価値があるのだ。「紅い家族」は政府の認可が必要な貿易、エネルギー、金融、不動産の業界に従事することが多く、彼らのビジネス・パートナーが前二者のタイプのビジネスマンである。

「紅い家族」の主要な蓄財手法は「一家両制（一つの家族に二つの制度）」である。つまり、一家の主が共産党政権の高級幹部として勤務し、その妻子や近親者が家長の権勢を利用し、資本主義のビジネス活動に従事して荒稼ぎをするという構図である。

数多くの「紅い家族」が独占的な国有大企業の経営に関与してきた。例えば李鵬《りほう》元首相の子女は中国の電力業界を支配している。息子の李小鵬は華能国際集団の社長・会長を歴任し、中国国家電力発展公司の副社長も兼任して「アジアの電力王」と呼ばれた。娘の李小琳《りしょうりん》もかつて中国電力国際発展有限公司の社長であった。二〇〇一年一一月、週刊証券市場誌に「『謎めいた』華能国際」という記事が掲載され、中国の大手電力会社数社がすでに李一族のファミリー企業になっており、李鵬の妻朱琳《しゅりん》は華能国際の親会社である華能国際電力開発公司の会長であり、息子の李小鵬は華能国際の役員であると指摘した。この記事は李鵬の逆鱗《げきりん》に触れ、筆者の馬海林は逮捕され、いまだに消息不明である［＊7］。

「一族と国家が一体となった利益運搬」体制を利用し、長江三峡《ちょうこうさんきょう》集団を公然とファミリーのATMにし、「紅い王女CEO」と呼ばれる李小琳は、ファミリーの金満振りを隠そうともせず、高価なブランドで着飾ったいでたちで各種会議に登場し、メディアの取材には臆面もなくこう言い放っている。「私の場合、能力以外の資本はゼロですのよ……」［＊8］

似たような例はほかにもいくつかある。元総書記・江沢民の息子、江綿恒《こうめんこう》は通信業界を牛耳ってきた。彼は上海聯和投資有限公司の会長を務め、中国網通と密接な関係を持っていた。同社は中国沿海部の一五の省・直轄市での光ケーブル敷設とインターネット電話サービスを一手に請け負い、その勢力は中国通信業界の覇者たる中国電信（チャイナ・テレコム）に迫るものがあった［＊9］。元国家副主席・曽慶紅《そうけいこう》の息子、曽偉は石油業界に手を出していた。曽偉夫婦は三二〇〇万豪ドル（当時のレートで三〇億円超）でシドニーの高級住宅街ポイント・パイパーの豪邸を購入した。これはオーストラリア史上第三位の高額不動産取引であったことが二〇一〇年にオーストラリアのメディアに暴露された［＊10］。

外資企業の中国金融業界への進出にともない、数多くの「紅い家族」が外資企業と提携し、金融業の分野でも大きな富を獲得してきた。イギリスのフィナンシャル・タイムズ紙（二〇一〇年三月二〇日付）はこう指摘している。「太子党は中国本土で創設された私募株式投資ファンド業界で主導的な役割を演じており、国有資産のリストラと民間会社への融資提供で暴利を得ている」

例えば朱鎔基《しゅようき》元首相の息子、朱雲来はモルガン・スタンレー証券による中国国際金融公司の株式約三四％の取得を手配し、後に同社のＣＥＯに就任している。朱鎔基の娘、朱燕来は中国銀行（香港）の副総裁である。温家宝前首相の息子、温雲松が創設した私募ファンド新天域資本公司（ニュー・ホライゾン・キャピタル）が管理する資金は数十億ドルにも達し、投資家にはドイツ銀行、ＪＰモルガン・チェース銀行、スイス銀行、シンガポールの政府系投資ファンドであるテマセク・ホールディングスなどが顔を揃えている。新天域資本公司の最も価値ある資産は温雲松本人にほかならない。

紅い権力者がこの世を去ると、当局の弔辞には必ず「プロレタリア革命家」という桂冠がかぶせられる。だが「プロレタリアート（無産階級）」と呼ばれた革命家たちは、その子女を数億ドル、数十億ドルの資産を持つ富豪階層にすることができたのである。

彼らの錬金術の元となった「賢者の石」こそ、父親たちの権力とその資源であった。

2　盗賊型政権――パナマ文書が暴いたもの

二〇一〇年まで、中国の「紅い家族」の蓄財話は公然の秘密とはいえ、やはりひそひそと囁《ささや》かれる内緒話のレベルであった。二〇一〇年以降、中国共産党第一八回党大会（一二年一一月）を控えて後継者争いが本格化し、中央政治局委員で重慶市委員会書記の薄熙来《はくきらい》と中央政治局常務委員で中央政法委員会書記の周永康、さらに中央弁公庁主任の令計画らが次々と逮捕され、入獄した。激烈な権力闘争で優位に立つため、敵対する双方はともになりふり構わずこの種の「国家の最高機密」をさまざまなルートを通して外国メディアにリークした。かくして薄家、習家、温家など数多くの「紅い家族」と権力者一族の不正蓄財の話題が英米メディアの中国政治トピックスとしてとりあげられたのである。習近平の姉夫婦や温家宝一族の資産にまつわる醜聞がブルームバーグ社やニューヨーク・タイムズ紙にあいついで暴露されたほか、一四年以降、ワシントンのI

CIJ（国際調査報道ジャーナリスト連合）が中国の政界最上層の腐敗を暴露する調査報告を公表し、世界を震撼《しんかん》させた。

二〇一四年一月、ICIJは「中国オフショア金融の機密開示」［＊11］という報告を公表し、およそ二万二〇〇〇名弱の中国内地と香港のオフショア投資家に言及した。この報告では、五人の現職または元職の中国共産党中央政治局常務委員の親族が英領ヴァージン諸島とクック諸島などのオフショア金融センターにオフショア・カンパニーを保有していることが明らかにされた。五人とは現在の国家主席である習近平、前首相の温家宝、元首相の李鵬、前国家主席の胡錦濤、それに最高指導者の故鄧小平である。そのほか、中国三大国有石油企業である中国石油天然気、中国石油化工、中国海洋石油の三社がICIJの秘密文書に記載された英領ヴァージン諸島の数十のオフショア・カンパニーと関連があると指摘された。

二〇一六年四月三日、ICIJがパナマ文書を公表し、オフショア・カンパニーを開設して資産を移転した権力者のリストを明らかにした。そこには世界一四三か国の政治家とその家族の名が挙げられ、そのうち七二名は現職または元職の国家元首であった。

中国も数名の政治局常務委員の親族・子女の名がリストアップされた。習近平の義兄・鄧家貴、李鵬の娘・李小琳、温家宝の息子・温雲松、それに前全国政治協商会議主席の賈慶林《かけいりん》と現政治局常務委員の劉雲山などの親族・子女である［＊12］。五月上旬、パナマ文書の詳細があらためて公表され、三万三〇〇〇人強の中国人関係者と四一八八社にのぼるオフショア・カンパニーの存在が明らかにされた。データベースを検索すると、中国の現職高級官僚とローマ字表記が一致するケースもたくさん見つかった。財政部の楼《ろう》継偉《けいい》部長、工業情報化部の苗圩《びょうう》部長、国家民族事務委員会の王正偉主任、黒竜江省の陸《りく》昊《こう》省長、安徽《あんき》省の王学軍省長などである［＊13］。

全世界四〇か国余りに設立されているいわゆる「オフショア・カンパニー」は、昔から国際社会で悪名高いマネーロンダリング（資金洗浄）の道具として使われてきた。マネーロンダリングを必要とするのは意図的な税金逃れをしたい各国の富豪やマフィア、テロ組織である。中国の「紅い」権力者や多数の国有企業高級幹部がこぞってオフショア・カンパニーを開設したがるのはなぜか。答えは簡単である。グレーゾーンの収入を隠匿するためである。彼らの巨額の富は権力に依存して得られたものだ。もし権力を失えば、こうした資産は捜査のうえ没収されかねない。そこで、彼らは海外に資産を隠す必要があると同時に、自分を外国籍に変更する。アメリカ、カナダ、オーストラリアなどが中国の高級幹部子弟のお気に入りの営巣地である。子女や親族が資産を移して外国に移住し、本人は中国国内に留まって役人を続けているケースを中国ではとくに「裸官」と呼ぶ。

中国人民銀行の二〇〇八年のある研究リポートによると、一九九〇年代中期以降、外国へ逃亡して失踪した党と政府の幹部、公安・司法関係者と国家事業・国有企業の高級幹部、それに外国駐在の中国資本機関の職員は一万六〇〇〇人から一万八〇〇〇人に達し、彼らが携行した資金は八〇〇〇億元〔約一四兆円〕にのぼったという[＊14]。推計すると、一人当たりの平均で四四〇〇万元強から五〇〇〇万元ということになる。二〇一〇年二月二二日、中国監査部のサイトが「国家腐敗予防局二〇一〇年業務要諦」を発表し、初めて「裸官の監視監督」を腐敗防止業務の重点に位置付けた。同年三月、全人代代表で中央党学校の林喆《りんてつ》教授が、九五年から〇五年までに合計一一八万人の役人の配偶者・子女が海外に移住したことをメディアに明らかにした[＊15]。

中国の資本逃避（流出）は古く一九九〇年代から始まっている。資本逃避に関する最初の研究は、王軍が一九九六年に書いた「中国の資本流出の総量と構造分析」［＊16］である。その後、何清漣が九八年に刊行した『中国現代化の落とし穴』の第五章で「資本の原始的蓄積の完成と資本の海外逃避」という一節を記述して、腐敗した役人が大金を持って海外へ逃走するという問題を中国の公衆に示した。それからというもの、中国のメディアはこの話題を盛んに取り上げるようになった。しかし、厳しい政治的制約もあり、どのメディアも突っこんだ調査報道を全うすることができず、そればかりか中国では資本逃避の研究そのものも思わぬ浮き沈みを余儀なくされたのである。

二〇〇四年、中国商務部研究院が「オフショア金融センターは中国の資本流出の中継点になっている」という研究リポートを発表したことに関連して、同部の研究員・梅新育が記者のインタビューにこう答えた。「同リポートは商務部研究院の研究リポート『中国とオフショア金融センターによる資本流動問題の研究』の一部であり」、結論は「四〇〇〇名の汚職役人が五〇〇億ドルを持ち逃げした」というものである。さらに彼は、このリポートに対して温家宝首相、黄菊《こうきく》副首相が指示を下し、金融管理部門は速やかに協議して解決法を提出せよと求めたと明言した。その後、このリポートの内容は中国のメディアで繰り返し報道される権威あるものとなった。ところが、奇怪なことに、一〇年四月二七日、梅新育が自分のブログに「四〇〇〇名の汚職役人が五〇〇億ドルを持ち逃げというデマのいきさつ」という文章をアップし、これは彼を取材した記者がねつ造したデマであったと述べたのである。これほどの大事を六年も経ってから梅新育本人がわざわざ否定するということはいったい何を意味するのだろうか。彼に政治的圧力がかかったことは明らかである。

二〇一二年の共産党第一八回党大会で権力交代が終わってから、王岐山が中央規律検査委員会を引き継ぎ、一四年に「キツネ狩り作戦」と称して、香港・マカオを含む世界各地に大金を持ち逃げした多数の腐敗官僚を逮捕摘発する活動を始めた。そこでようやく大陸では逃亡役人の問題が公然と議論してもよいテーマとなったのである。

だが、ＩＣＩＪが発表した「中国オフショア金融の機密開示」と「パナマ文書」は、そこで触れられている中国の権力者たちの数があまりに膨大であること、新旧の政治局常務委員の親族一〇余名に言及があること、という理由で中国国内のインターネットでは完全に封殺されている。もし中国共産党というこの盗賊型政権に対する世界の理解がそもそも不十分であるとするなら、この二篇の報告は次の事柄を世界にはっきりと知らせることになった。——「紅い富豪」こそはレイモンド・フィスマンとエドワード・ミゲルが描いたような「エコノミック・ギャングスター（経済ギャング）」〔＊17〕そのものであるということを。

3　中国の権力継承モデル——紅い血縁＋党内人事考課プロセス

共産党が支配する全体主義国家では、前任の指導者が死去あるいは任期満了を迎えると、後任は民選によらず、政界最上層の密室での談合によって決定される。したがって、共産国には「後継者」という独特のタームがある。そして後継者の人事決定プロセスは最上層の権力闘争の発火点になることが多い。中国では二〇一二年に胡錦濤が任期を終え、新しい指導者習近平が後を継いだ。この権力の交代劇には激烈な争いが発生した。対立の発火点になったのは「薄熙来のポスト狙い」であったが、結局、習近平が勝利し、党総書記に就任してから薄熙来を政治的に抹殺した。

習近平と薄熙来の権力闘争は、実は共産国特有の「後継危機」のほんの一例にすぎない。歴史的に共産国の専制独裁者の死後、最高権力の交代、継承には血なまぐさい後継争いがつきものである。スターリンや毛沢東の死後のソ連、中国も同様の過程を歩んだ。

共産国に訪れる「後継危機」はその制度的特質とかかわりがある。全体主義国家には主に二つの統制手段がある。ひとつは暴力による鎮圧を後ろ盾にした社会全体に対する政治的監視（軍・警察・情報機関の三大系統よりなる）であり、もうひとつは党の宣伝機関の指揮のもとで展開される全国民の洗脳メカニズム（官営メディアと学校教育系統によりなる）である。

さて、新しい後継者は政治的監視機関の名目上の指揮権を引き継ぐことはできるが、前任の指導者の同僚や引退した元老たちを効果的に指揮できるとは限らない。前任の指導者が抜擢《ばってき》していた部下が、かりに新しい指導者の政敵と手を結べば、クーデターが起こっても不思議ではない。例えば毛沢東が死去してから、その腹心であった汪東興《おうとうこう》は葉剣英《けんえい》や華国鋒《かこくほう》と手を組み、毛沢東の妻であった江青《こうせい》や甥の毛遠新とその一派を逮捕し、

「四人組反革命集団」として監獄送りにした。したがって、新しい指導者は就任後に必ず軍・警察・情報機関の実質的な支配権を握らなければならない。さもなくば、自分の身の安全さえ確保できないからだ。新しい指導者が前任者に院政を敷かれたくなければ、あるいは上層部の一部でなにがしか怪しい動きがあると感じたなら、急いで前任者が遺した軍・警察・情報機関の高官を排除しなければならない。この共産国の制度的特質に根ざした「後継危機」こそ、習近平が就任した前後に生じた権力闘争の基本的な背景である。最終的に習近平は軍・警察・特務（情報機関）という三系統の責任者の腐敗の罪状をつかみ、彼らから職務を剥奪して政治的監視機関の支配権を奪い、みずからの権力基盤を固めたのである。

薄熙来が自分には習近平と一戦交える資格があると考えた理由は、彼と習近平はともに「紅二代」という同じ身分を持っていたことにある。習近平が「後継者」の地位についたのは、長く険しい政治マラソンの果てである。そのスタートは三〇年以上昔にさかのぼる。その頃、共産党の元老・陳雲（鄧小平時代の共産党副主席）が「太子党」から未来の後継者を育成すべきであると表明した。なぜなら「自分の子供なら政治的に信頼できる」からである。この後継モデルはソ連共産党モデルと北朝鮮モデルの結合方式である。つまり、党内上層部の協議によって後継者を選出するとともに、選抜にあたっては血縁を重視する、言いかえれば「太子党」の人物を優先するというものである。鄧小平時代には紅二代の世代はまだ若く、キャリアも経験も不足していたので、経験豊富な中年世代を選ばざるを得なかった。例えば胡耀邦《こようほう》、趙紫陽《ちょうしよう》、胡錦濤である。しかし同時に、中央組織部は当時まだ三〇そこそこであった「太子党」若干名を末端組織に送り、当地の党・政府機関で「鍛錬」させることとした。地方の現場で研鑽《けんさん》と経験を積ませ、後の抜擢に備えさせたのである。こういった背景のもと、習近平（鄧小平時代の中央書記処主任・習仲勲《しゅうちゅうくん》の息子）、劉源（毛沢東時代に国家主席を務めた劉少奇の息子）、薄熙来（元中央顧問委員会副主任・薄一波《はくいっぱ》の息子）らによる最高指導層入りをゴールとする政治マラソンが開始された。

この政治マラソンに最後まで参加できた「選手」は決して多くない。というのも、レースの「参加選手」は数多くの関門をくぐり抜けねばならなかったからだ。高級幹部の子弟が政治に携わるためには、まず大学卒業の学歴を手にしていなければならない。つまり、大学卒の学歴がなければ「知識化」基準に達していないという理由で官途が絶たれたのである。一九七七年に文革期に中止されていた大学入試が復活したが、当初の数年間の大学入試は情実なし、正真正銘の試験であった。それは九〇年代後期のような不正と腐敗にまみれた入試ではなく、大学も卒業証書を販売し始めていない頃の話である。その結果、多くの高級幹部の子弟が大学入試試験で不合格となり、出世の夢をあきらめざるを得なかった。

次に鄧小平が決めたのは、昇進時には必ず末端組織の審査を受ける（任官した部門による政治実績への評価と審査）ことであった。紅二代たちの多くは、自分の高貴な出身を鼻にかけていたので、末端組織の役人に謙虚でうやうやしい態度で接するのが苦手であった。末端組織から徐々に昇進する官途にあって、それは実に気苦労の多い、危険に満ちた関門であった。紅二代の大半はここで別の道を選び、国務院の各省庁や解放軍の本部勤務、あるいは親の威勢を借りてビジネスを始めるなど、とにかく田舎者まる出しの小役人に高貴な自分が頭を下げるのは願い下げというわけで、競走から降りていったのである。紅二代たちはマラソンの最中にどこかでひとつでも障害にぶつかれば、それで仕官の道は終わりということを知っていた。一つひとつの資格をクリアする苦しい「鍛錬」を耐え、中央の上層部入りできた紅二代はおのずと少なく、そのなかで当時、最も輝いていた政治的スターが劉源、薄熙来、習近平の三人であった。

劉源（一九五一〜）のキャリアは最初華々しく、後は尻すぼみになった。彼は北京師範学院歴史学部を卒業後、一九八二年に河南省新郷《しんきょう》県七里営公社副主任からスタートを切り、わずか六年の間に新郷県副県長、県長、鄭州《ていしゅう》市副市長を歴任し、八八年に河南省副省長に就任して全国最年少の副省長となった。しかし、一九九二年に劉源のキャリアは急カーブを描き、武装警察部隊水電指揮部第二政治委員兼副主任に転任した。その後の昇進も警察と軍隊内にとどまり、地方政界に復帰することはなかった。軍隊の経験のない人物が地方官僚から警察や軍に転任するのは、そのキャリアに天井板を張られたも同然である。しかし、その経緯は謎である。

劉源が政界から消えた後、政治マラソンのコースに残ったのは二人の選手だけであった。習近平と薄熙来である。習近平があまり目立っていなかったのに対し、薄熙来は当時、最も輝ける政治的スターであった。

薄熙来（一九四九〜）は一九八二年に中国社会科学院の研究生院国際新聞専攻を修了して修士号を得た後、中央書記処に二年勤務した。八四年に遼寧省金県の県委員会副書記からスタートし、九三年には遼寧省大連市の市長になるとともに、都市建設の実績で注目を浴び、最も輝かしい政治的スターにのし上がった。しかし、〇一年に遼寧省委員会副書記、遼寧省長となって以降のキャリアは順風満帆というわけではなくなった。その理由は遼寧省の地元勢力、とりわけ党省委員会書記の聞世震《ぶんせいしん》と激しく対立したことにあると噂《うわさ》されている。薄熙来は〇四年に商務部長に選任され、〇七年には重慶市委員会書記に異動したが、中央政治局委員には名を連ねた。

習近平（一九五三〜）は一九七九年に清華大学を卒業後、八二年に中央軍事委員会秘書から河北省正定県の副書記へ転任した。八五年以降、彼のキャリアの大半は福建省で積まれることになった。彼が前二者と違うところは、福建省寧徳《ねいとく》市委員会書記に就任した時から寧徳軍分区第一書記を兼任したことで、これ以降、行政職の昇進とともに兼任する軍隊の職務も一段ずつ上昇していった。〇三年からは浙江省委員会書記と浙江省人民代表大会常務委員会主任を務め、浙江省軍区党委員会第一書記を兼任した。〇七年にはまず上海市委員会書記と上海警備区第一書記を兼任した後、同年に中央政治局常務委員、中央書記処書記および中央党学校校長に転任した。

以上三名の「太子」の政治経歴からは、何はともあれ親の七光りが絶大であったことが読みとれる。共産党内の幹部選抜は民主的な推薦〔党員大衆の推薦〕や組織の査定という制度上の制約があり、一般党員なら一段階ずつ歯を食いしばる想いで昇進していくしかない。親の威光がなければ、こんなに速く昇進するわけがないのである。彼らが末端組織で「鍛錬」している期間に、もし党内幹部の「民主的推薦」という関門に引っかかったら、順調な出世はおぼつかなくなる。そこで、元老たちは通常、自分の腹心が任官している場所へ「太子」を送りこみ、急いで下働きの苦労をさせる。「太子」がよろしく「民と親しみ」、早々に難関をクリアすればみな大喜び、腹心の部下も元上司の元老に顔向けできるという次第である。

習近平と薄熙来が地方官として苦労を重ねていた当時、その人となりのせいか、二人の風評は対照的であった。薄熙来は大連市長になってからメディアへの露出を好み、自分の実績を大げさに言い立てたが、いつもスキャンダルの噂が絶えなかった。香港・文《ぶん》匪報《わいほう》の大連駐在所責任者の姜維平《きょういへい》は、匿名で香港メディアに薄熙来のスキャンダルを暴いたため、無実の罪を着せられて入獄した。一方、習近平はめったにメディアに顔を出さず、真面目で控えめ、それでいて難問続出で複雑きわまりない福建省で大過なく過ごしていた。二〇〇七年になって薄熙来は重慶市に異動したが、政治局委員にしかなれなかった。一方、習近平は上海市に転任したが、政治局常務委員会入りを果たした。この「太子党」政治スター二人の将来は、この時点ではっきりと差がついていたと言えるだろう。中国政治の事情通には事態は明らかであった。職位の加減から判断して、習近平は第五世代の指導者の核心として「育成」されており、お世継ぎの地位もかなたに見え隠れしてきた。それに対し、薄熙来はもはや足元にも及ばないと[#1]。

　敗北に甘んじたくない薄熙来は、習近平が最高権力を握る前に必死のあがきを見せ、国家主席の類の地位を得ようと画策した。しかも当時の軍・警察・情報機関の三大系統の責任者はみな薄熙来の側に立っていた。習近平の最高権力に脅威となる数名の高級幹部、例えば中央軍事委員会副主席の郭伯雄と徐才厚、政法委員会書記の周永康、国家安全部常務副部長の馬建らは最終的にすべて粛清の憂き目に遭った。陳雲の息子の陳元と劉源は薄熙来を支持していたいきさつもあり、習近平がトップの座に就くと、国家開発銀行総裁の陳元はまっ先に引退を迫られ、劉源も二〇一五年の年末に軍から引退させられた［＊18］。中央弁公庁主任の令計画（胡錦濤の腹心）は周永康事件に連座して逮捕されたが、弟の令完成は大きな手土産となる機密文書を持参してアメリカに逃亡した。

一九八〇年代を振り返ってみると、この時代は中国共産党が政権の座について以来、最も党と国家と人民に責任を持って対していたと言わなければならないだろう。幹部選抜の二つのルールは、当時、たしかに数多くの無能で不適格な高級幹部の子女が各クラスの重要なポストにつくのを妨げ、平民出身の幹部が昇進できるチャンスをもたらした。第三世代指導者の江沢民と朱鎔基、第四世代指導者の胡錦濤と温家宝らはそのようなかたちで出世したのである［＃2］。江沢民が引退してから、鄧小平がかねてより指定していた胡錦濤らが順調に政権を継いだ時、アメリカの中国研究界は賛嘆の声で満たされた。中国の政治制度に進歩がうかがえ、権力交代の問題はすでに解決したと評価されたのである。ところが、二〇一〇年以降、共産党上層部で発生した権力闘争は、〈血縁＋党内人事考課プロセス〉というやり方では共産党独裁政治の「後継危機」から脱却できないことをあらためて世界に再認識させた。

4　習近平時代に紅二代の居場所はない

習近平が最高権力を握ってそろそろ五年になる。この五年で彼は徐々に粛清を進め、党務・国務・軍隊・宣伝などのあらゆる政策決定権を手中に収めた。政治局常務委員会はもはや彼の執行チームと化し、集団による政策決定の機能を失った。そこで、習近平は独裁権力を振るっていると批判する人もいる。また、習近平は紅二代と手を携えて「紅い家族」の「紅い国家」を守ろうとしているのだという声もある。だが、両方とも根拠のない誤りである。

中国共産党の政治体制はそもそもが独裁政治なのである。毛沢東個人が権力を独占する統治モデルであれ、鄧小平が始め、江沢民や胡錦濤が守り通した集団指導（つまり寡頭による共同統治、メディアの言う「九竜治水」である）の統治モデルであれ、その独裁政治の本質は何も変わらない。独裁に対する政治学の定義はこうである。――一人または少人数の集団が絶対的な政治権力を保持し、憲政と法律に制約されない政治体制。この体制における統治権はつねに一人もしくは一集団に握られ、さまざまな鎮圧メカニズムによってその政治的権威を貫徹する。

第一次・第二次両大戦間に、政治学の分野では当時の現実に基づいて独裁政治体制の分類がなされた。立憲的独裁、共産党独裁（名称はプロレタリア独裁）、反革命独裁、それにファッショ独裁である。一九六〇年代にはアフリカ諸国が民族独立解放闘争を展開したが、そこからまた異なったタイプの独裁政治体制が生まれた。宗教独裁や一族独裁である。独裁政治体制は民衆の利益に背き、それを深く侵害し、人々の生命と財産の安全も脅かしてやまない。そのため、人類社会からは早晩、放棄されるべきものである。

共産国の指導モデルは二種類しかない。集団指導あるいは個人的権威による指導である。どちらのモデルを採用するにせよ、制度面での調整は欠かせない。例えば個人権威タイプの統治を実行する前提として、最高指導者個人は軍と情報部門に対する絶対的な個人的支配を実現しなければならず、個人崇拝を推進して世論の面での後押しを必要とする。集団指導のもとでは、最高指導者の地位は名目にすぎないことが多く、専制政権の権力の核心部門（軍と情報機関）は指導集団のメンバーが個々に握っており、重大な政策決定は指導集団のコンセンサスを得て初めて達成される。江沢民の時代、中央政治局には五名から七名の常務委員がおり、それぞれが手分けしてこうした権力部門を管轄していた。胡錦濤の時代には合計九名の政治局常務委員が各権力部門を分担していた。これが「九竜治水」と呼ばれる寡頭による共同統治モデルである。

共産国の指導モデルはこれまでずっと集団指導と個人権威の間を振り子のように揺れ動いてきた。しかし、この揺れは理由もなく発生するのではなく、最高指導者の個人的意向によって決まるわけでもない。振り子が揺れるプロセスからはひとつの法則を見出すことができる。つまり、ある共産党政権がどのような歴史的時期にどのような指導モデルを採用するのか、そしてどんな時に別の統治モデルに転換するかは、主に政治的ないし経済的な必要性によって決められているということである。

では、習近平時代は紅二代がふたたび輝きを取り戻す時代なのだろうか。習近平が実行しているすべては、中国共産党政権を救い、「紅い山河」を維持することが目的である。だが、彼は紅二代と手を携えようとはしていない。紅二代という集合名詞は一定の政治党派を表すのではなく、一種の身分を示すものにすぎない。同じ紅二代であっても個々の政治的立場と価値観念の差異は大きく、一部では鋭い対立さえ生じている。その境遇も天地の差ほど開き、ビジネスで大儲《もう》けした者もいるが、大半は中位、低位の公務員にとどまり、将軍や中央官庁のトップや副部長クラスまで出世した人材はごくわずかである。年齢からみても、紅二代は四〇年代後期から五〇年代前期の生まれが多い。彼らの人生が最も輝いていた時期は、実際のところ江沢民と胡錦濤の時代であり、習近平の時代ではない。この二〇余年は紅い家族が、その一族と国家の一体による利益運搬メカニズムによって大いに蓄財した時期であった。江沢民がトップの座についてから、中央官庁や国有大企業、軍隊にいた紅二代は大半がゆっくりと昇進した。金融界とビジネス界でも多くの紅二代が希少資源を掌握し、大金をせしめた。

習近平という齢《よわい》六〇に近い紅二代が最高権力を手にしてからは、ほかの紅二代たちは定年、あるいは定年に近い年齢に達した。例えば、習近平は軍の体制改革として、米軍にならって軍政と軍令の業務を明確に区別した管理体制を築こうと試みている。中国陸軍の現役高級将校には二七名の紅二代がいた。だが、最新の報道によると、一名を除いてほかはすべて退役したという〔＊19〕。引退した紅二代たちはもはや権力システムの中に居場所はなく、習近平と手を携えることができない。第一八回党大会の後、共産党トップの座を引き継いだ習近平は一貫して権力の集中に心を砕いてきた。ただ、権力闘争の相手を処分する際には、やはり「内外で異なる原則」を守っているようだ。例えば、薄熙来を支えてきた周永康や、薄熙来が入獄してから周永康と結託した令計画ら平民出身の高官たちに対して、習近平は容赦ない処罰を加えている。一方、薄熙来と同盟してきた紅二代をどう「適切に処遇する」かについて、彼は囲碁で言う「形勢を殺《そ》ぐ」戦略をとるのみで、その場その場の様子見に徹している。

とはいえ、習近平と紅二代たちには共通の最低ラインがある。つまり、共産党政権を守ること、彼らが言う「紅い山河」を守ることである。社会の底辺層の紅い家族と汚職役人に対する深い怨嗟《えんさ》の声はネット上にあふれ、政治面であるいは経済面で彼らの罪業を清算せよという声も絶えることがない。それゆえ彼らの財産と身の安全はすべて「紅い山河」の安否にかかっている。しかし、それは何はさておき中国経済の情勢によって決定されるのである。

【原注】

＊1 David Barboza, "Lobbying, a Windfall and a Leader's Family", The New York Times, November 24, 2012.

＊2 David Barboza, "Billions in Hidden Riches for Family of Chinese Leader", The New York Times, October 26, 2012.

＊3 "Xi Jinping Millionaire Relations Reveal Fortunes of Elite", By Bloomberg News - Jun 29, 2012. "Heirs of Mao's Comrades Rise as New Capitalist Nobility", By Bloomberg News - December 26, 2012.

＊4 《中共中央、国务院关于禁止领导干部的子女、配偶经商的决定》、人民网、１９８５年5月23日。

＊5 中央纪委监察部廉政理论研究中心《关于防止利益冲突工作的调研》、《中国纪检监察报》、２０１２年4月16日。

＊6 管健《中国3千家族平均财富5・6亿 执政者须防权钱联姻》、《人民论坛》、２０１０年第4期。

＊7 John Pomfret, "Corruption Charges Rock China's Leaders", The Washington Post, January 10, 2002.

＊8 余玮《李鹏之女李小琳：能力之外的资本等于零》、《环球人物》、２００９年16期。

＊9 "China : To the Money Born, Senior Officials' Children Increasingly Dominate Private Equity", Financial Times, March 20, 2010.

＊10 Vanda Carson, "Historic Point Piper home set for the wrecking ball", Dec 29, 2010.

＊11 国际调查记者同盟《中国离岸金融解密》、２０１４年1月。〔英文は "Leaked Records Reveal Offshore Holdings of China's Elite", ICIJ.（https://www.icij.org/）のホームページを参照〕

＊12 "The Panama Papers", ICIJ. ２０１６年4月。

＊13 于盟童《巴拿马文件数据库公布、揭更多中国高官》、ＶＯＡ〔ボイス・オブ・アメリカ中国語サイト〕、２０１６年5月10日。

＊14　中国人民银行（央行）反洗钱监测分析中心《我国腐败分子向境外转移资产的途径及监测方法研究》、香港中文大学中国研究服务中心网站、２００８年6月。

＊15　《中央党校教授林喆：先用党纪处理贪腐裸官》、法制网、２０１０年3月12日。

＊16　王军《中国资本流出的总量和结构分析》、《改革》杂志、１９９６年第5期。

＊17　Raymond Fisman & Edward Miguel, "Economic Gangsters: Corruption, Violence, and the Poverty of Nations", Princeton, NJ : Princeton University Press, 2010.〔邦訳は『悪い奴ほど合理的――腐敗・暴力・貧困の経済学』（ＮＴＴ出版刊）〕

＊18　《12月国防部例行记者会文字实录》、国防部网站、２０１５年12月31日。《习近平批准刘源从领导岗位上退下来》、国防部网站、２０１５年12月31日。

＊19　《盘点解放军现役高级将领中的〝红二代〟》、人民网、２０１４年12月22日。

【訳注】

＃1　中国共産党中央政治局は通常の党務執行の最高機関である。なかでも中央政治局常務委員会は党の最高意思決定機関であり、国家権力の最上層を形成していると言える。胡錦濤時代の第一七期には二五名の中央政治局委員が選出され、習近平が九名からなる常務委員会入りを果たす一方、薄熙来は中央委員から政治局委員への昇格にとどまった。

＃2　中華人民共和国成立後の指導者は、その統治時期に合わせて現在まで五世代に分けるのが一般的である。建国から文革期までの第一世代は毛沢東、劉少奇、周恩来、朱徳、林彪らである。第二世代は鄧小平を中心に趙紫陽、胡耀邦、葉剣英、陳雲らである。第三世代は江沢民、李鵬、朱鎔基、喬石、李瑞環ら、第四世代は胡錦濤、温家宝、呉邦国、賈慶林、曽慶紅、李長春らである。現在の習近平や李克強は第五世代にあたる。太子党や「紅二代」と呼ばれるのはこれら各世代の高級幹部の子女たちである。

第二章

中国モデル——共産党資本主義

共産国が伝統的なスターリン型社会主義モデルに別れを告げる場合、制度転換（transition）の道を歩むことになる。ここで言う転換とは経済の自由化（私有化と市場化を含む経済体制の転換）と政治の民主化（政治体制の転換）を指している。一九八九年から現在に至るまで、世界の共産国のなかでは北朝鮮だけが従来の体制を保っているが、その他の国々は転換を完結させたか、あるいはその途上にある。こうした国々の歩みを概観すると、経済的転換は相対的に容易であるのに対し、政治的転換はかなり困難であることが分かる。

一九八〇年代に中国は共産国における経済的転換の先行者であった。しかし、民主化を拒んだことにより、社会制度全般の転換を実施した国々のなかで後進国に転落した。旧ソ連陣営に属した共産国の大半は民主化と同時に経済的転換を実施したが、中国は経済的転換を推進しながら、政治的転換は断固として拒否した。つまり、中国が歩んできた転換の道のりはきわめて特異であると言えるだろう。中国は民主化への道を拒んだばかりでなく、史上前例のない政治経済制度を作りあげてきた。私たちはこれを「共産党指導下の資本主義」体制、つまり共産党資本主義（コミュニスト・キャピタリズム）と呼んでいる。

1　資本家に変身した共産党幹部

あらゆる共産党は資本主義を消滅させると公言してきた。したがって、中国共産党の元老たちもみずからが「プロレタリア革命家」であることを標榜《ひょうぼう》しない者はいない。ここで中国共産党が統治してきた七〇年近い歴史を通観しておこう。毛沢東とその後継者・華国鋒が統治した前半三〇年（一九四九年〜七八年）では、暴力を行使して私有物を公有化し、地主階級を消滅させただけでなく、企業家と不動産所有者の私有財産を奪い取り、その結果、共産党政権が全国唯一の地主および資産所有者となり、すべての中国人が無産者（プロレタリア）となった。

一九七八年末に鄧小平が開始した経済改革では、政治権力を用いて公有物を私有化（民営化）し、経済的転換のプロセスで共産党の幹部と「紅い家族」のメンバーが紅い資本家へと変身した。彼らは共産党のエリートという立場のまま、巨額の資産を擁する企業家、不動産所有者、金融投資家となった。彼らがこうした資産を手に入れた手段は、現行の法律と党内の規則に照らせば、ほとんどが法律違反、規律違反であるが、中共政権はこれを黙認した。

中国共産党は政権を樹立してから、一九五〇年代にソ連モデルの公有制と計画経済を実行し始めた。毛沢東時代には「資本主義商工業の社会主義改造運動」（一九五三年～五六年）を通してすべての民間企業が公有の公営企業となり、資本家の財産は大半が奪われ、公有制のもとでの計画経済体制が築かれた。その後二〇年余りが経過し、社会主義国に共通する弊害が中国にも現れ、国有企業は深刻な赤字に陥っていた。一九七六年九月に毛沢東が死去したが、後任の華国鋒は毛沢東の政治経済路線を引き続き堅持した。経済改革が始まるのは、七八年一二月の第一一期中央委員会第三回全体会議（三中全会）を経て復活した鄧小平が全権を掌握してからである。それは社会主義制度の堅持を前提としつつも、個人による小規模な経営を認め、計画経済を縮小させるものであった。しかし、それは本格的な私有化を容認したわけではなかった。例えば、個人経営の企業は七名以下の従業員しか雇用してはならず、八名以上になると資本主義であると規定された。ただし、このマルクスの著作からこじつけたと言われる馬鹿馬鹿しい規定は、一九八〇年代末に撤廃された。

一九九七年に鄧小平が死去してからほどなく、中国政府は全面的な私有化政策の実施を決定した。時の首相・朱鎔基がこうした政策を決断した背景には以下の二点があった。

第一は、国有企業が銀行融資の返済不能に陥ると、国有銀行システムが崩壊しかねないこと。鄧小平時代の経済改革では国有企業の弊害を解決できなかった。例えば、過剰な人員、非効率、浪費、深刻な赤字などの問題であり、国有企業は国有銀行の融資に長期にわたって依存して企業運営を支えてもらうしかない状態であった。数多くの国有企業が銀行への返済を停止し、利息さえ支払えない状態に陥っていた。一九九六年の国有銀行の不良債権は、返済延滞の貸付を加えると総貸付額の七〇％前後に達した。もしこのまま国有企業への資本注入を続けるなら、金融システムが国有企業によって引きずり倒される懸念があった。

第二は、輸出拡大のために、中国がＷＴＯ（世界貿易機関）加盟を急いでいたこと。当時、ＷＴＯは中国を受け入れる前提として、一五年を期限に中国が市場経済を樹立し、計画経済を廃止して国有企業の民営化を実行することを求めた。つまり、国有企業の民営化の実施を証明できなければ、中国はＷＴＯに加盟することが認められなかったのである。

朱鎔基は一九九七年末から国有企業改革を始めた。当時、この政策は「大をつかみ、小は放つ」国有企業制度改革であると称された。「大をつかむ」とは、資産規模が大きく、国家経済と国民生活に深くかかわる金融、エネルギー、電力、通信、交通などの企業については、資産リストラを経たうえで上場を認可することを意味する。資産リストラとは国有企業の株式を外部や外資に一部売却することであるが、あくまで国は支配的な株主（五一％以上の株式保有もしくは筆頭株主）という立場を守る。「小は放つ」とは、市場の先行きが思わしくなく赤字も深刻な中小の国有企業を売却することである。民間への売却（私有化）を許可することで、政府の負担を減らそうとするのが狙いである。

この中国の私有化プロセスは二段階に分かれる。第一段階は一九九七年下半期から二〇〇一年までのおよそ四年間、主なテーマは中小の国有企業の民営化であり、元工場長や経営管理責任者の個人所有の企業へと変貌させることであった。私は国有企業一三〇社の民営化事例を詳細に分析し、いくつかの典型的な手法にまとめて、民営化にかかわるダークこのうえないやり口を明らかにしたことがある。通常、彼らのやり方はこうだ。まず意図的に企業が保有する純資産額を低く見積もり、企業の公金または企業名義で銀行から貸付を受けて（少数は個人からの貸付）みずからが管理する企業を購入し、本人または親族の名義で登記する。そして、新たに企業主という身分を得た彼らは、民営化を経た企業の資金でみずからが購入した企業の借金を返済するというわけである。つまり、彼らは自分が管理する企業を購入したのであるが、個人としてはほとんど資金を負担していない。なかには一銭も身銭を切っていないないケースもある［＊1］。

第二段階は大型中型の国有企業の一部民営化であり、だいたい二〇〇二年に始まり、二〇〇九年に基本的に終了した。その手法は、資産リストラを経たうえでの上場、経営者の株主化（ＭＢＯ＝マネジメント・バイアウト）、従業員の株主化、外資との合資、民間企業との合資などさまざまである。こういった企業は資産規模が巨大であるため、さすがに工場長や経営陣による個人的な私物化は無理である。そこで、通常は公金を使って企業の株式を購入し、それを高層と中層の経営幹部に与えるとともに、上場の認可権を握る政府部門の役人とその親族に賄賂として株式を贈与し、利益の山分けを図ったのである。かくして共産党の国有企業幹部と政府の役人はいかなるコストも支払うことなく、大型中型の上場企業の株式を保有する社長や常務理事の類におさまったのである。つまり、職務上の立場を利用して資産所有者へと変貌したのである。

この私有化プロセスは一九九七年末に始まり、〇九年に基本的に終わった。九六年に国有工業企業は中国全土で一一万社が存在していたが、〇八年末には九七〇〇社しか残っていない［＊2］。しかも、そのなかには一部民営化を実施したものの、政府が支配的株主の地位を保っている大型の国有企業が含まれている。

さて、この私有化プロセスのなかで、いったいどれくらいの数の共産党内部関係者が「無産者」から莫大な資金を擁する企業の所有者へと成り上がったのだろうか。二つの全国的なサンプリング調査［＊3］のデータに基づくと、結論はこうである。およそ五〇％から六〇％の企業が自社の経営管理者の個人所有になった。企業の購入者の二五％が外部、つまり他業種の投資家であり、外資の占める比率は二％にも満たない。経営管理者と従業員の共同民営化は一〇％にすぎない。ここで注意すべきは、従業員と経営管理者が共同で株式を保有するといっても、従業員株主側は企業の資産管理や経営状況には基本的に口出しできない状況にあるということだ。従業員は実質的には身銭を切って管理者が企業を手に入れるのを手助けしただけなのである。

2　中国当局はなぜ私有化を認めないのか

以上に述べてきたプロセスは、国有企業の管理者が政府の役人とつるんで公然と国有資産を山分けし、略奪するのを政府が容認してきたことを物語っている。いかに口達者な中国当局といえど、この略奪を正当な行為と言いくるめることはできない。たまたまメディアが国有企業の民営化事例に触れると、きまって一般民衆の憤激を買うばかりである。そのため、中国政府は国内メディアで私有化を議論することを許さず、研究者が私有化プロセスに関する調査リポートを発表することも禁じている。二〇一一年になっても当局は頑として「私有化はやらない」（全人代常務委員会委員長呉邦国の発言。同年三月一〇日）と称している。だが、この虚言は国内の民衆を騙すためのものにすぎない。実は中国政府は世界銀行などの国際機関に委託して中国の私有化の結果に関する調査を実施し、その調査リポートは英文によって国外で発表されている[*4]。それによって国際社会には、中国が早くも九七年末には私有化の推進に着手し、〇一年一二月のWTO加盟への地ならしをしてきたことを証明してきたのである。

私有化をおし広めてきた一〇年そこそこの間、中共当局は企業の国有資産を横領、着服する紅いエリートたちの行為をほぼ黙認してきた。そればかりか、一九九八年から二〇〇三年という私有化がピークに達した時期に、中国政府は国有資産管理局を閉鎖していたのである。つまり、六年間も国有資産を無監督状態で放置し、権力者や国有企業の管理者、工場長が国有企業の資産を略奪する便宜を図ったのである。〇三年に国有資産管理局は復活するが、もはや後の祭り、私有化の結果は既成事実と化し、元の国有企業の工場長や管理者たちは堂々たる私営企業家に変身していた。

読者のなかには、共産国の公有企業を私有化する場合、こうした方法しかとりようがないのではと考える方がおられるかもしれない。私はロシアと中欧数か国の私有化プロセスを研究し、次のような結論を得た。共産党幹部が国有企業の資産を奪うような民営化方式を政府が奨励し、保護し、容認したのは中国だけである。中欧諸国の私有化では基本的に共産党幹部は排除された［＊5］。そこで、以下では中国とロシアの工業企業の私有化プロセスとその結果を較べてみよう。中国式私有化の欠点が明白に示されているだろう［＊6］。

1　中国政府は企業の民営化についての具体的構想を公表したことがない。私有化プロセスは政府の役人と工場長や管理者によって密室で決められ、すべてはブラックボックスのなかで操作される。労働者は排除され、かやの外である。これに対し、ロシア政府には統一された私有化プランがあり、労働者の投票によってどのプランを選ぶかが決定された。

2　中国の労働者の大半は、雇用の確保を条件に工場長と管理者から株式の購入を強要され、やむなく個人の貯蓄を流用した。だが、株主とは名ばかりで、その権益も保障されていない。これに対し、ロシアの労働者の自社株式購入は基本的に自発的であり、使用されたのは政府が発行した民営化小切手［＃1］である。彼らの株主としての身分は承認されており、その権益も保障されている。

3 ロシアでは、民営化後の従業員による自社の持ち株率は四〇％前後であり、中国より一〇％強高い。ロシアの企業経営陣も一部の株式を保有しているが、その比率は中国よりはるかに低い。そのため、ロシアの経営陣は企業を私物化することができない。

4 民営化後、中国では約半数の従業員が解雇された。経営陣は従業員の解雇によってコストを削減したわけであるが、この行動は所管の各政府によって強力にサポートされた。これに対して、ロシアの私有化プロセスでは労働者の解雇という事態はあまり発生していない。

5 民営化を進めた時、中国では失業労働者を保障する社会福祉システムが形成されておらず、失業は即、収入源が断たれることを意味した。しかも、企業の経営陣は国有資産をほしいままに略奪していた。この二つの原因によって大量の労資紛争が発生した。一九九五年に全国の県・市クラスで労働争議仲裁機関が処理した労資紛争は三万三〇〇〇件であったが、二〇〇六年にこの数字は四四万七〇〇〇件に達し、〇八年には六九万件にまで増加している［＊7］。これに対し、ロシアでは私有化プロセスのなかでも社会福祉制度は正常に維持され、さほど多くない失業者は社会福祉の恩恵をこうむり、なんとかしのいでゆけたのである。ロシアの経営陣は私有化プロセスで労働者の意向を汲みとっていたため、民営化が原因で労使双方が衝突することは稀であった。

西側の学者にはこう考える向きもある。共産国の権威主義的体制は、政府の強権によって民間の抵抗を排除しやすいという理由で、経済的転換と経済発展に有利であると。彼らによって中国はその恰好の一例とみなされている［＊8］。だが、彼らはこの「経済的転換」のプロセスが社会的な公正を完全に無視し、民衆の権益を剥奪するものであることをまったく無視している。こうした統治側のエリートだけに都合の良い制度のあり方は、今後の中国に社会的な衝突をもたらす根深い禍根を遺しているのである。

3　中国の国家資本主義

国有企業改革の「大をつかむ」成果をあらためて検討してみよう。中国政府は意図的な保護政策によって国有大企業の資産リストラを進め、国家経済と国民生活を大きく左右する超大型の国有独占企業を育成した。これは否定できない事実である。二〇〇一年から一〇年までの期間、これら独占によって形成された経済的寡頭体制は中国政府の主要な経済的支柱となった。しかし、一〇年以降、国有大企業が「ゾンビ企業」（86頁参照）化するケースが増え続けている。これは現段階において中国政府が最も頭を悩ませている難題のひとつである。

中国政府が国有大企業の政治的経済的地位を維持しようとする理由は、主に政治的な必要性からである。中共の全体主義統治は三つの独占を特徴とする。つまり、政治面での独占（共産党の一党独裁）、資源と経済面での独占、文化面（メディアと教育と宗教の徹底的統制）での独占である。資源面での独占とは土地、鉱物資源、森林、水源がすべて国有であり、経済面での独占とは国有経済を主導的な立場に置き、重要な基幹企業はすべて国有という方針が堅持されていることを指す。中国では国が支配的な株主である大企業は「共和国の長男坊」とみなされ、政府はさまざまな保護政策をとって支援を惜しまない。例えば、政府は土地や鉱産物などの資源の独占と重要業種の独占を通して国有企業に製品の価格決定権を与え、そこで生じる巨額の利潤を中央の財政が獲得するという仕組みである。中国経済が隆盛を誇っていた時期、中国国務院国有資産管理委員会が発表した「国務院国資委二〇〇九年回顧」という文書がはっきりと示しているように、二〇〇二年から〇九年までの中央所属の政府系企業の納税額は年平均二一・六二％増加し、国有企業による租税負担の平均額は私営企業の平均額の五倍強であった［＊9］。同時に、国有企業は政府の対外援助と国内における政務遂行および社会統制に必要な経費の金庫でもある。例えば、中国の高官が海外を訪問する際、大量の買い付け契約や支援プロジェクトをともなうことがよくあるが、こうした支出も国有企業が支払うことが多い。

さらに、国有企業の賃金、福利厚生、雇用と業務の安定性は私営企業や外資企業よりはるかに優れており、こうした企業は中国人の就職選択では公務員に次ぐ人気である。

そのため、国有企業は役人や権力者の親族の就職先になることが多い。

アメリカのブルームバーグ社の記事が暴露したように、国有企業で高級幹部の職にある合計一〇三名の「紅二代」がＭＢＯ（経営者による自社株買取）名義で私腹を肥やした。彼らが指導または運営する国有企業の二〇一一年における時価総額は一・六兆ドルに達する。これは中国全体の年度生産高の五分の一強に相当する金額である［＊10］。今世紀初めの一〇年の国有企業改革において、彼ら「紅二代」はＭＢＯという方式を通し、労せずして高額の株式をふところにした。資産数億あるいは数十億ドルに達する超大型の国有企業では、たとえ持ち株率が一％に満たなくてもパイが大きいだけにその額は巨大である。

国と「紅い家族」の間に「一族と国家が一体となった利益運搬メカニズム」が形成されている以上、これら経営陣に食い物にされている企業が健全に経営されているはずがない。近年の中国経済の減速にともない、国有企業の黄金の日々は終わりを告げ、いまや銀行の不良貸付の主要な源となり、中国の国有銀行の足を引っ張る存在となっている。

二〇一四年以降、中国のメディアにはたびたび「ゾンビ企業」という言葉が現れるようになった。これは深刻な赤字を抱え、経営が破綻していながら銀行貸付に依存して維持運営されている国有企業を指す。一五年末時点で、中国の株式市場における「ゾンビ企業」は二六六社、全体の一〇％を占めており、とくに八つの業種に集中している。すなわち、鉄鋼、石炭、セメント、ガラス、石油、石油化学、鉄鉱石、有色金属の八業種である〔＊11〕。

世界の企業番付であるフォーチュン・グローバル500に中国からは一〇〇社がランキングされているが、そのうち一六社は赤字企業である〔＊12〕。例えば「中国鋁業」は「A株市場〔上海・深圳《しんせん》の国内投資家向け株式市場〕の赤字王」と呼ばれ、二〇一四年度の純損失額は一六三億元である〔＊13〕。「鞍鋼集団」には八〇〇億元の銀行債務があり、一五年の純損失額は四五億九〇〇〇万元〔＊14〕、「渤海鋼鉄」の債務は一九二〇億元に達している〔＊15〕。こうしたフォーチュン・グローバル500にランキングされている国有大企業は長期にわたって非効率と赤字の状態が続き、中国の金融システムに巣食う敗血病患者のような様相を呈している。せっかく新しい血〔資金投入〕を国有企業に注入しても、たちまち黒い血〔不良債権〕となってしまうのである。

指折り数えてみると、銀行貸付が不良化するのは一九七八年の改革・開放政策の開始以来、これで三度目である。この三度にはいろいろと原因があるが、ひとつの原因だけは不変である。それは国有企業が銀行からの輸血によって維持されていることである。興業策略研究報告の推計によれば、かりに二年以内にゾンビ企業をすべて倒産させると、有利子負債の七〇％が不良債権化し、影響する債務は一兆六七一億元、一年当たりに換算すると五三〇九億元に達するという。そのうち、債券は一〇％で、銀行の債務が九〇％を占める［＊16］。

銀行がゾンビ企業に引きずり倒されないために、中国政府はゾンビ企業の整頓処理を決定し、二〇一六年の六大経済任務の一つと位置づけた。しかし、この決定は実施段階で大きな困難に直面している。なぜなら、大量の人員削減が避けられないからだ。国有企業の従業員の反発は鋭く、企業の経営陣も火中の栗を拾う気はさらさらなく、リストラ対象者の再就職先の斡旋を地方政府に求める。だが、地方政府にもそんな能力はないので、社会の安定の維持を理由に、銀行に対し赤字国有企業への政策的貸付を要求する。というわけで、結局ゾンビ企業を維持するという当初の状態に戻ってしまうのである。

4　共産党資本主義のゆくえ

中国モデルは、マルクスが共産主義学説を創始して以来、史上初めて出現した共産党の指導下にある資本主義経済体制であると言えるだろう。かつては中国政府や海外の中国研究者によって盛んに鼓吹された中国モデルであるが、その実態は独裁政権の統制下にある〈クローニー資本主義〔#2〕+国家資本主義〉にほかならない。

中国共産党は資本主義を消滅させる（私有を公有にする）ことでその歩みを始めた。しかし、社会主義経済体制では成功を収めることができず、最終的には資本主義経済体制を借りて共産党政権による統治の継続を図るしかなかったのである。この「公有を私有にする」改革のプロセスでは、「紅い家族」および共産党の各クラスの役人とその親族が企業家、大規模な不動産所有者、巨額の金融資産保有者といった資本家に変身を遂げた。彼らが蓄財に走ったプロセスは汚濁と犯罪にまみれている。共産党政権は彼らの生命と財産の安全を守る必要があるばかりでなく、政府が独占する業種を通してより多くの富を引き続き収奪させる必要がある。したがって、彼らは現体制の断固たる支持者であり、決して民主化の促進者ではない。元社会主義国の転換についての研究では、長らく次のような見方があった。経済の自由化が達成された後は、従来の紅いエリートたちはおのずと民主主義と自由を擁護するようになる。しかし、中国の転換の結果が証明しているように、そういった観点は幼稚であるばかりでなく、完全な誤りなのである。

現在までのところ、元社会主義国の経済と政治の転換にはおよそ三種類のモデルがある。第一は中欧モデル（ポーランド、ハンガリー、チェコ、スロバキア）である。中欧諸国の転換は、旧体制に異議を申し立てた知識人層によって主導された。彼らの基本的主張は旧共産党のエリートたちと権力をわかち合ったり、和解や寛容といった立場をとるものではなく、共産主義の汚れを一掃することで、できるだけ共産党文化の残滓《ざんし》を排除しようとした。そもそも多くの中欧諸国の民衆の目に、共産党政権はソ連がバックアップする傀儡《かいらい》政権としか映っていなかったのであり、唾棄《だき》すべき存在であった。その結果、従来の共産党エリートたちの多くは転換のなかで行き場を失い、およそ三分の一が社会的経済的地位を下降させ、およそ半数が早期退職を余儀なくされたのである［*17］。

第二はロシアモデルである。ロシアでは従来の共産党エリートが民主派エリートに変身したうえで、転換でもたらされた恩恵にあずかり、不正な金儲《かねもう》けにも走った。同時に、庶民も私有化プロセスのなかで一部の所有権を確保した。それは旧来の権力者が新社会を率いた典型的なモデルであると言えるだろう。

第三は中国モデルである。共産党政権は毛沢東時代に革命によって築きあげた社会主義経済制度、すなわち全面的な公有制と計画経済を放棄したものの、共産党資本主義によって毛沢東が遺した専制的な全体主義制度を強固なものにした。権力者は私有化プロセスで数々の犯罪行為に手を染めた。「紅い家族」が死にもの狂いで富を収奪するありさまは悪しき手本となり、官僚システムひいては国家全体に高度な腐敗をもたらした。こうした腐敗政治は必然的に社会的分配の不公平を生む。富と上昇の機会を社会の上層に独占される時、膨大な社会の底辺層はエリート階層に怨恨の情を持つ。役人を恨み、富める者を恨む感情は社会全体に広がっている。

中国の転換モデルは、これまで「中国問題」を研究してきた専門家たちがあまり重視してこなかった問題を提起している。つまり、経済的転換は政治的転換をうながすのか、それとも妨げるのかという問題である。それを解く鍵はやはり両者の順序だろう。経済的転換と政治的転換が同時進行する場合、例えばロシアのような状況では、紅いエリートから「変身」してきた民主派は民主化に反対することはあり得ない。なぜなら、民主化プロセスはこれまでのコネを生かして金儲けをする邪魔にならないことを彼らは理解しているからだ。だが、経済的転換が政治的転換が始まる前に終わっている場合はどうだろうか。例えば中国のような状況では、すでに資本家になっている紅いエリートたちは頑として民主化を阻むだろう。彼らにとって民主化とは、政治的特権の剥奪だけでなく、彼らの違法蓄財への追及を意味しかねないからだ。海外の中国語サイトにはしばしばネット民による「民主化がなった暁にはお前ら一家は皆殺しだ」という類の書き込みが見られるが、それはこの種の怨恨の表現である。

この国の多くの企業や富が共産党員の身分を持つ紅いブルジョア階級によって握られた時、紅い資本家にとって自分を守ってくれる唯一の信頼できる制度とは、市場経済でもなければ法治でもなく、「プロレタリア独裁」なのである。刀の柄、つまり権力（軍と警察）をしっかりと手中に握っておくことにほかならない。共産党の権力者集団ははっきりと自覚している。彼らは社会主義の公有制度と計画経済にはなんの未練もなく、現在の共産党資本主義こそ彼らの利益獲得と身の安全を維持してくれる最良の制度であることを。一方では資源（リソース）を掌握する権力を握り、一方では市場を通して権力を金銭に変えるわけである。こうした権力が市場化された状態においては、民主主義国家の企業家より楽に金儲けができるだけでなく、高い政治的地位も確保したままでいられるのである。この現状ゆえに、共産党資本主義が自発的に民主的な制度下での資本主義に転換することはあり得ない。これこそが中国モデルの本質にほかならない。しかし、紅い権力者たちも中国モデルがつねに社会の底辺層からの脅威にさらされていることを明確に知っている。そのため、彼らは巨額の個人資産を西側国家に移転させる一方、親族を西側国家に移住させることで、いざとなった時の逃げ道を用意しているのだ。彼らの「足による投票」［#3］は、中国モデルの前途がきわめて不透明で危ういものであることを図らずも物語っている。

中国共産党は今日でもマルクス主義政党であることを標榜している。というのも、マルクスは紅い資産階級の特権的身分と「プロレタリア独裁」を維持するためのイデオロギー的合法性の解釈を提供してくれるからだ。しかし、まことに奇妙なことに、中国モデルそのものは反マルクス主義である。中国共産党の生き残りの秘策はまさにここにあるのだ。マルクス主義の旗印を掲げつつ、反マルクス主義の資本主義経済制度を構築し、強化しようとしている。中国モデルはマルクス主義への挑戦であるとともに、民主化理論への挑戦でもある。中国の未来に対する認識はこの現状への理解から始められなければならない。

そもそも人類の歴史における社会主義制度の命運はとうの昔に尽きていたのである。一九八八年にウィーンで社会主義国の改革に関するシンポジウムが開催された。席上、共産国ハンガリーからやって来た経済学者の発言がみなを驚かせた。社会主義とは資本主義から資本主義へと移行する過渡期を指す。言いかえれば、まず資本主義から社会主義に移行し、さらに社会主義から資本主義に戻るということだ。一年後、このハンガリー人の見解の正しさはソ連・東欧の共産主義陣営の解体によって実証された。

【原注】

＊1　Xiaonong Cheng, "Making Capitalists without Economic Capital: The Privatization of State-Owned Industrial Enterprises in China and Russia", for presentation at the annual meeting of American Sociological Association, New York, Aug. 2012.

＊2　中国国家统计局编《中国统计年鉴１９９３》、《中国统计年鉴１９９７》、《中国统计年鉴２００９》、中国统计出版社。

＊3　中国私营企业研究课题组《中国私营企业调查报告》、《财经》杂志、第4期、２００３年2月20日。この調査のサンプル企業数は八三七である。Gan Jie, "Privatization in China: Experiences and Lessons", in James R. Barth, John A. Tatom, and Glenn Yago, eds. "China's Emerging Financial Markets: Challenges and Opportunities", Berlin, Germany, and New York, NY, Springer, The Milken Institute Series on Financial Innovation and Economic Growth; 2008. この調査のサンプル企業数は七ー七である。

＊4　例えば以下のような文書である。Ross Garnaut, Song Ligang, Stoyan Tenev and Yao Yang, "China's Ownership Transformation: Process, Outcomes, Prospects", Washington, DC, The International Finance Corporation and the International Bank for Reconstruction and Development/ The World Bank, 2005. Shahid Yusuf, Kaoru Nabeshima and Dwight H. Perkins, "Under New Ownership: Privatizing China's State-Owned Enterprises", Washington, DC, The International Bank for Reconstruction and Development/ The World Bank, 2006. Gan Jie, "Privatization in China: Experiences and Lessons," in James R. Barth, John A. Tatom, and Glenn Yago, eds. "China's Emerging Financial Markets: Challenges and Opportunities", Berlin, Germany, and New York, NY, Springer, The Milken Institute Series on

Financial Innovation and Economic Growth, 2008.

＊5 Gil Eyal, Ivan Szelenyi, and Eleanor Townsley, "Making Capitalism Without Capitalists: The New Ruling Elites in Eastern Europe", London and New York, Verso, 1998.

＊6 ＊1に同じ。

＊7 《劳动争议案件大幅上升》、《中国改革报》、1996年8月27日。Ching Kwan Lee, "Against Law: Labor Protests in China's Rustbelt and Sunbelt", Berkeley, CA: University of California Press, 2007. 杨琳《劳资矛盾忧患》、《瞭望》、第50期、2009年12月14日。

＊8 Martin King Whyte, "Paradoxes of China's Economic Boom", Annual Review of Sociology, Vol. 35, 2009.

＊9 《国企税负5倍于私企说明了什么》、《新京报》、2010年8月5日。

＊10 "Heirs of Mao's Comrades Rise as New Capitalist Nobility", Bloomberg, Dec. 26, 2012.

＊11 《266家A股、僵尸企业、负债1・6万亿》、《21世纪经济报道》、2015年11月19日。

＊12 《世界500强16家中国企业巨亏377亿》、飞扬投资网、2015年10月14日。

＊13 《A股亏损之王：中国铝业》、新浪财经、2015年2月3日。

＊14 《鞍钢股份陷入史上最大亏损》、界面网、2016年4月5日。

＊15 《渤海钢铁债务1920亿元 已成立债委会》、财新网、2016年3月18日。

＊16 兴业证券《僵尸企业出清影响几何——兴业策略〝过剩产能〟系列专题报告》、2016年1月6日。

＊17 ＊5に同じ。

【訳注】

#1　新生ロシアの市場経済への体制転換に必須であったのは、国営企業の民営化であり、その方策の一環として一九九二年八月、一二歳以上の全国民に民営化小切手（バウチャー）が配布された。額面は一万ルーブルで、自由売買が可能な無記名証券であった。その用途は自身が勤務する国営会社が民営化する時の株式取得と他の国営会社の民営化オークションへの参加である。民営化小切手には国有資産の平等な分配、すなわち社会主義経済の清算という意味合いもあり、四〇〇〇万人の株主を誕生させたものの、ハイパーインフレが進む当時の経済的混乱のなかで、小切手を売却して現金化する国民が続出したのも事実である。

#2　クローニー資本主義とは血族、親族、姻戚など縁故関係が大きな作用を及ぼす経済体制を指す。縁故資本主義とも言う。政府の許認可や税制上の優遇措置、公共事業の選定などに「身内」であることが幅を利かす経済システムであり、利権の不当かつ不公平な配分により経済成長を期す手法である。典型例として韓国の財閥体制、インドネシアのスハルト政権、フィリピンのマルコス政権などが挙げられるように、アジア独特の権力者とその一族が癒着した政治経済体制について用いられることが多い。

#3　「手による投票」が通常の選挙を指すとすれば、「足による投票」は住民が転居することで自分にとってより良い行政サービスを選択する行動を指す。

第三章　トロイカの失墜

中国経済はすでにL字型の長期低迷期に入っており、その始まりは二〇〇九年であったが、国際社会がこの現実に気付くには少なくとも五、六年を要した。〇八年にアメリカがリーマン・ショックに陥り、世界的な金融危機が発生してからというもの、「中国経済の独り勝ち」とか、「中国は世界を救う『ノアの方舟』である」などという風説が絶えず流された。中国政府は国内向けの景気刺激策として四兆元の財政出動プランを実施したほか、各地に赴いた指導者は、あたかも「救世主」のような様子で大盤振る舞いをほどこした。だが、それから数年を経て中国経済の実相を再検討してみるなら、〇九年から一五年までの中国経済の唯一のスポットライトは不動産であったことが分かるだろう。中国経済の成長は輸出、投資、国内消費という三頭立てのトロイカに牽引されるしかなかった。しかし、今やこのトロイカがあいついで失速するなか、不動産は早い時点から高度なバブル状態に陥り、いつそれがはじけてもおかしくない状況にある。

1 「世界の工場」の没落

二一世紀の初めにＷＴＯ（世界貿易機関）に加盟した中国は一〇年余りに及ぶ輸出景気に沸いた。輸出の増加は中国経済に持続的な繁栄をもたらした。二〇〇三年から〇七年まで、中国の輸出は毎年二五％以上のスピードで増加し、年度によっては三五％にまで達した。

一国の経済の輸出貿易に対する依存度は、対外貿易依存度という指標で判断できる。対外貿易依存度は「対外貿易係数」とも呼ばれ、ＧＤＰ（国内総生産）に占める輸出入総額の比率によって示される。一九八五年の中国の対外貿易係数は二三・八％にすぎなかった。二〇〇一年にＷＴＯに加盟した時点では三八・五％、その後は右肩上がりで上昇し、〇六年には六七％にまで達した［＊1］。日本の平成バブル景気が終結した一九九一年ですら、その対外貿易係数は一五・三％にすぎなかった。中国経済が繁栄のピークを迎えていた〇六年の対外貿易依存度は、輸出大国と称される日本がバブル景気の末期を迎えていた頃のなんと四倍強なのである。これは中国の経済的繁栄が輸出貿易に大きく依存していることを物語っている。その弱点はいったん輸出が減速すると、経済がきわめて深刻な打撃を受けることにある。

中国の輸出製品の品質に大きな問題があること、さらに生産コストの急上昇、人民元高などさまざまな原因によって中国の輸出景気は二〇一二年からかげりを見せ始めた。輸出の年成長率は一二年の八％から一四年には六％へ減少し、一五年には前年比でマイナス二・八％に転じ［＊2］、一六年の一月から四月にはマイナス七・六％まで落ち込んだ［＊3］。中国が輸出景気に別れを告げてから、対外貿易依存度も輸出の減少にともなって大幅に低下した。一六年の第1四半期の対外貿易係数は三二・四％であり［＊4］、これは一九九〇年代初めの水準である。

(1) 比較優位によって成立していた「世界の工場」

中国の対外貿易依存度の急激な上昇と下降は、中国の「世界の工場」としての盛衰の過程にぴったりと符合する。二〇〇一年から一一年までは中国の経済発展の黄金時代であった。この時期、中国の紡績、衣料、玩具、箱製造、電子製品などの業種は世界市場の四〇％から六〇％のシェアを占め、安価な「メイド・イン・チャイナ」製品が世界の五大陸にあふれた。中国はそれによって「世界の工場」と呼ばれるようになった。

中国が「世界の工場」になれたのは、コスト面での比較優位によって世界各国の投資を呼び込むことができたからである。コスト面での比較優位とは、当時の中国の土地と労働力のコストが低く、外国資本に対して優遇政策を実施していたことを指す。しかも中国政府は環境保護に配慮していなかったため、企業は環境保護コストを支払う必要がなかった。こうしたコスト面での優位性によって、中国はあっという間に途上国のなかでナンバーワンの外資導入大国となったのである。二〇〇六年までに安価な中国製品がほぼ全世界で売れまくる情勢が形成された。

しかし、「メイド・イン・チャイナ」は世界各国でボイコットを受けることになった。原因は中国の業者が自社製品の品質に責任を持たなかったことにある。WTO加盟後五年間の「観察期間」が満了する二〇〇六年末まで、中国では国内向けと国外向けの販売商品について二種類の品質基準が存在し、国外向け商品の品質検査はかなり厳格であった。そのため、「メイド・イン・チャイナ」はもともと低品質とはいえ、有毒や有害という安全性の問題は発生しなかった。この観察期間が終わってから、中国政府は品質管理の手をゆるめ始めた。〇七年にアメリカで基準値を超える鉛が中国製おもちゃから検出される事件が発生し、「メイド・イン・チャイナ」に対する信用は大きく損なわれた。かつて海外市場で高いシェアを誇っていた中国製品は有毒あるいは有害という理由でその信用を失墜させた。

二〇〇七年は「メイド・イン・チャイナ」が隆盛から衰退への転機となった一年である。例えばグローバル市場で八〇％のシェアを占めていた中国の玩具製造業は、ペンキに基準値以上の鉛が含まれていたことが原因で、この一年だけで世界各地において二〇〇〇万点の商品回収という憂き目にあった。さらに八月、広東省仏山市の利達玩具有限公司の副会長・張樹鴻は、商品納入先のアメリカ・マテル社（世界有数の玩具メーカー。バービー人形で名高い）が同社生産の玩具が基準値以上の鉛を含有しているという理由で一〇〇〇万点の回収に踏み切ったことで、三〇〇〇万ドルを超える巨額の損失をこうむり、自殺に追いやられた［＊5］。その後、欧米では塗料に含まれる鉛が安全基準を超える玩具は輸入を禁じるという技術障壁が設けられたため、中国の玩具製造業は衰退への道を歩み始めた。

　同じように中国の食品も海外の消費者をおびえさせている。二〇〇七年五月六日のニューヨーク・タイムズ紙は、パナマで中国製の偽の咳止めシロップを服用したことが原因で三六五名が死亡、そのうち一〇〇名は中毒死の確定診断が下されたと報じた。また、ロサンゼルス・タイムズ紙の報道によれば、同年三月から五月四日までに、汚染されたペットフードを食べたために犬猫が死亡したという消費者からの通報があいついだ。そのペットフードの原料は中国産で、死亡数は八五〇〇匹に達した［＊6］。二〇〇八年一月には日本で毒入り餃子事件が発生し、中国製食品に対する信用と信頼感は根こそぎなくなってしまった［#1］。

　中国が輸出した有毒塗料玩具やその他各種の劣悪な製品は多くの訴訟を引き起こしている。WTO内部でも中国政府が為替レートを操作していること、国有企業に対し多額の輸出補助金を給付していること、輸出商品の価格を人為的に操作していること、知的財産権の侵害、大規模プロジェクトにおける入札操作などの行為について、中国への批判の声は途絶えることがない。アメリカが中国に対して提訴した案件だけでも、輸出補助金、海賊版の製造販売、自動車関税、欠陥タイヤ、有毒石膏ボードなどその内容は実に多岐にわたっている［＊7］。

（2）比較優位の喪失

「メイド・イン・チャイナ」の信用が日ごとに失墜するなかで、中国のコスト面での比較優位もしだいに失われていった。

二〇〇七年に新たな労働契約法が中国で公布され、各地で賃上げブームが出現した。外資が集中する広東省の東莞《とうかん》、広州、深圳では最低賃金基準の調整が実施され、賃金が二〇％前後上昇した。一五年五月以降、富士康事件とホンダ工場のストライキ［＃2］をきっかけに、全国十数省にストライキ・ブームが広がった。労働者が求めたのは主に賃上げと独立した自主労組の結成であった。この二つの要求に対し、中国政府は両様の態度をとった。まず賃上げ要求に対しては一定程度は容認するという態度を示した。ホンダと富士康で賃上げが実施されたのに続き、中国全土二七の省・直轄市では次々と最低賃金基準の引上げあるいは引上げ予定が公表された。一方、自主労組の結成については容認しない態度をとった［＊8］。

中国が「世界の工場」の地位を維持していたのは、安価な労働力コストに負うところが大きい。中国の貿易総量の五〇％を占める加工業では、なおさら労働力コストの優位性が肝心かなめのポイントである。労働力コストの上昇は多くの外資のベトナムへの工場移転を招いた。当時、ベトナムの労働者の一日当たりの最低賃金が二ドルであったのに対し、深圳は四ドルに達していたのである。

また、二〇〇七年を境に、中国の輸出加工業の重点地域である珠江《しゅこう》デルタ地域の土地価格が高騰した。〇六年以前であれば、広州開発区の工業用地は最高でも一平米四〇〇元を上回ることはなかった。しかし、〇七年以降は最低でも一平米六〇〇元で、際限なく高騰した。この事情は深圳や東莞でも同様である［＊9］。

以上のように、人件費と土地代の上昇によって、中国のコスト面での比較優位は崩れていったのである。

（3）外資への優遇税制の撤廃

新たな労働契約法とともに、二〇〇八年からは新たな企業所得税法も施行された。この新税法の特徴は、第一に外資への優遇税制措置が撤廃され、外資と国内企業の税率が同一化されたことである。このため外資企業の税率は一五％前後から二五％～三〇％へと引き上げられた。第二は従来の経済特区などの地域的な優遇から産業内容別の優遇措置に変更されたことである。その結果、これまで香港資本が集中して投資してきた広東のいくつかの産業は基本的に優遇税制の範囲外になってしまった。大多数の香港資本メーカーが稼いだ利潤の源は優遇税制にあった。ひとつ考えていただきたい。いったい世界で一〇％前後の利益率が得られる業種がどれほどあるかを。外資企業にとって税率が突然一〇％から一五％上昇するということは、基本的に利潤が消失することを意味するのである。

新税法を施行する前に中国政府は懸命にその宣伝に励んだが、当時、情勢に敏感な一部の外資はすでに率先して中国撤退を始めていた。まず最初に反応したのは韓国、日本、香港、台湾などの製造業である。これらの企業はよりコストの低い地域、例えば東南アジア諸国へと次々に移転していった。日本の数多くの機械電子部品メーカーや工業企業は二〇〇七年の初めから工場をベトナムに建設し、一部の業務を中国からベトナムに移し始めた［＊10］。

中国が優遇税制や土地と労働力の「比較優位」を保っていた頃、外資があまり語ろうとしない「比較劣勢」の事情が中国にはあった。それは外資が中国に投資する際に避けては通れない制度的コスト（政策や法律の不透明さがもたらす費用と損失）と社会的コスト（例えば知的財産権の保護やビジネス上の信用問題）である。中国における制度的コストの高さは、政府の政策の不確定性によるところが大きい。外資企業が業務の認可を得るには、何かと政府の役人にわたりをつけねばならず、この活動にやたらと金銭および労力が必要となり、経営コストがかさむのである。外資企業が中国に根を下ろすには、投資の審査を担当する各部門の責任者に賄賂を贈らざるを得ない。例えば、中国商務部の役人であった郭京毅《かくけいき》、鄧湛《とうたん》、杜宝忠、それに国家工商総局の役人であった劉偉ら一〇名余りは、みな外国ビジネスマンから賄賂をむしり取り、巨額の富を蓄えたのである。彼らは摘発されるまで一〇年余りも許認可権という権力を利用してレント・シーキング〔権力を濫用して超過利潤を追求する行為〕にいそしんでいた〔＊11〕。

以上に述べた要素を総合してみるなら、二〇〇八年を境に、中国はもはや外資による投資の楽園ではなくなったと言えるだろう。

2 ニセ外資の横行と生産能力過剰

過去二〇数年、中国経済を引っ張ってきた投資という「馬」は、「馬」そのものを絶えず取り換えてきた。まず先進国からの本当の外資を中国発のニセ外資に代えた。ニセ外資の投資の重点はてっとり早く収益が上がる不動産に置かれた。地方政府は国有地を売却し、不動産開発に邁進《まいしん》することを主要な経済発展の方向性ととらえた。そのためインフラ投資が加速し、それが大規模な不動産開発への投資をうながすことになり、製造業への投資が次第に土木工事への投資に置き換えられることになった。その結果、中国全土がまるで巨大な建設現場と化すありさまとなった。それは土木景気をもたらすと同時に、中国経済は不動産の過剰な膨張によってバブル化したのである。

（1）対中投資におけるニセ外資の割合

中国は発展途上国のなかでナンバーワンの外資導入大国であると称している。この地位は二〇〇二年から今日まで不動である。世界経済における中国の地位を国際社会が判断するうえで通常使ってきた指標は、導入された外資の総量である。この指標をアメリカやEU、日本などに適用するなら、何も問題は生じない。だが中国の場合、「ニセ外資」現象を考慮する必要がある。つまり、中国の金持ちが資金を海外に移転させてロンダリングし、次に海外投資家の立場になって中国に逆投資する仕組みである。二〇世紀末以降、中国が導入した外資のうちニセ外資が占める比率は徐々に上昇してきた。ここ数年の外資導入は大半が実質的にニセ外資である。

では、海外からの投資のうち、ニセ外資が占める比率はいったいどれくらいなのだろうか。一九九七年から二〇一三年までに中国が導入した外資のうち、工業化された先進国からの外資は毎年二〇〇億ドルから三〇〇億ドルで安定している。ところが、香港とマカオおよび「タックスヘイブン」と呼ばれる九つの島国からの外資が急増しているのだ。その九つとは、英領ヴァージン諸島、ケイマン諸島、サモア、モーリシャス、バルバドス、バミューダ諸島、バハマ、ブルネイ、マーシャル諸島である。こうしたタックスヘイブンからの対中投資は九七年の二四二億ドルから一三年には八五六億ドルに増え、導入外資の比率では五三％から七三％へと上昇した［＊12］。中国商務部が公表したデータによれば、一五年に中国が実際に利用した外資は一二六二億七〇〇〇万ドルであったが、そのうち香港の外資が九二六億七〇〇〇万ドルでなんと七三・四％を占めている。日本・韓国・アメリカ・ドイツ・フランス・イギリスの六か国の外資は一三七億ドルであり、一〇・八％にすぎない［＊13］。

中国に還流してきたニセ外資は、基本的に製造業への投資ではなく、投機性の強い不動産業やその他のサービス業への投資である。本物の外資と比べ、ニセ外資は中国の不動産業とのコネ作りに長けている。というのも、彼らはもともと中国人であり、中国企業であるので、国内の不動産業者と示し合わせて不動産転がしにいそしめるわけである。時には自分の「左手」に「右手」を握らせるだけというケースもある。

中国のニセ外資には三つのタイプがある。

第一は、香港とマカオおよび海外で実際に経営している中国資本の企業で、企業の発展の必要性から本土へ戻り、「外資」企業を創設するタイプである。

　第二は、海外での融資を目的とし、海外でペーパーカンパニーを登記して自社を迂回購入し、いわゆるレッドチップ〔元来は香港証券市場に上場された中国資本銘柄を指す呼称〕のかたちで海外市場に上場する元中国国内企業である。この方式について、中国政府は奨励の立場をとり、政策的支援も与えている。二〇〇六年九月に商務部、国務院国有資産監督管理委員会、国家税務総局、国家工商行政管理総局、中国証券監督管理委員会、国家外貨管理局が合同で発布した「外国投資家による国内企業へのM&A実施に関する規定」（10号文書とも呼ばれる）は、中国企業はオフショア・カンパニーを通してVIE構造［#3］（変動持分事業体）を構築し、海外での資金調達やレッドチップとしての上場をしてもよいと明文で定めている。これ以降、中国銀行、中国電力、中国移動（China Mobile）、中国聯合通信（China Unicom）、中国石油天然気（Petro China）、中国海洋石油総公司など数多くの国有企業のほか、すべての国際投資ファンドとプライベートM&Aファンド、さらには裕興科技、亜信（AsiaInfo）、新浪（SINA）、網易（NetEase）、捜狐（SOHU）、盛大（SNDA）、百度（Baidu）、碧桂園（Country

Garden)、SOHO中国、アリババ（阿里巴巴）、巨人集団といった民間企業もこぞってオフショア・カンパニーを設立し、海外の証券市場で巨額の資金を獲得した。そして、そこで得た資金を外資企業の名義で中国に還流させているのである。過去二〇年余りで中国大陸から系列会社を香港に上場した資産規模上位五〇社のうち、四四社がケイマン諸島にオフショア・カンパニーを設立している。その主な目的はアメリカ、シンガポール、イギリスなどで上場することにあった。

第三は、政策に便乗した、純粋にレント・シーキングを目的とするタイプである。海外、とりわけオフショア金融センターにペーパーカンパニーを設立し、みずからを外資企業に変身させた元国内企業である。推計によれば、第三のタイプのニセ外資が中国では最も一般的である。税率の低い香港は中国国内企業がペーパーカンパニーを登記するにはうってつけの場所であるが、英領ヴァージン諸島、ケイマン諸島、サモアなども中国への直接投資（FDI）でそれぞれ第二位、第七位、第九位にランクされている［＊14］。

（2）外国企業の撤退

西側先進国による対中投資の減少は実際は二〇〇八年から始まっていた。同年三月に上海アメリカ商工会議所とブーズ・アレン・ハミルトン社が発表した「中国製造業競争力研究２００７―２００８」によれば、調査を受けたアメリカ、日本、ヨーロッパの製造業メーカーの半数以上が、中国は他の低コスト国と比べて生産拠点としての競争力を失ってしまったと考え、さらに納税およびその他もろもろの雑費の徴収が不透明で訳が分からないことも相まって、企業を途方に暮れさせていると指摘している［＊15］。中国はもはや多国籍企業から「投資の楽園」とはみなされていない。一一年にアメリカのボストン・コンサルティング・グループが発表した研究リポート「メイド・イン・アメリカ　再び」はこう指摘している。――米中間の製造業のコスト差は縮まりつつある。アメリカの土地、燃料、電力などのコストは中国より低い。そのため、アメリカ資本の企業はすでに中国から撤退し、アメリカへの回帰を始めている。メイド・イン・チャイナは今まさにメイド・イン・アメリカに生まれ変わろうとしている［＊16］。

早めに撤退していた外資企業はまことに幸運だった。二〇〇七年末から〇八年にかけて、外資企業の倒産ブームが珠江デルタ地域と長江デルタ地域を席捲《せっけん》し、多くの企業が元手も何もなくした。「世界の工場」の主要な作業現場たる広東省東莞市の没落の転換点もやはり二〇〇八年であった。この年から一二年までに東莞では七万二〇〇〇社が廃業し、一四年には少なくとも四〇〇〇社が廃業した［＊17］。翌年一〇月には二〇〇〇社余りの台湾資本企業が東莞から一斉に撤収し、五〇〇万人の労働者が離職を余儀なくされた。多くのメーカーは工場をベトナムやインドに移転させることを選択し、従来の利潤率の維持を図ろうとしたのである。かつて東莞は「靴の都」と謳《うた》われていた。アジアフットウェア協会の統計によると、近年、約三分の一の注文が中国から東南アジアへ流れたという［＊18］。

中国からの工場移転リストを作成してみるなら、そのなかにはインテル、LG、パナソニック、マイクロソフトをはじめとする数多くのハイテク系大企業やその他の多国籍企業が含まれる。例えばユニクロ、ナイキ、フォックスコン（鴻海）、船井電機、クラリオンなど数十社におよぶ外資企業である［＊19］。二〇一四年の海外からのベトナムへの直接投資は一二四億ドルに達し、〇九年と比較して二五％増の伸びを示している。

世界最大の投資メーカーのひとつである韓国のサムスンはベトナム・ロンアン省への投資を強化し、電子製品の生産を計画している。なかには今後「メイド・イン・ベトナム」が全世界に広まり、外資を多く集めるだろうと予測する人もいる。「中国が三〇年を費やして成し遂げた事柄も、ベトナムなら一〇年あれば十分だ。なぜなら、この国に賭けてみようという企業がますます増えているからだ」［＊20］

（3）製造業の生産能力過剰

中国経済の高度成長を牽引してきたのは投資という「馬」であり、この「馬」を引っ張っていたのは、二〇〇九年以前は主に外資がもたらした製造業への投資であったが、この年以後はそれが土木工事（不動産、鉄道、道路、インフラ建設）への投資に置き換えられた。輸出景気がかもしだす高度成長の達成感に中国が陶酔していたまさにその時、〇八年にアメリカでサブプライムローン危機が突如発生した。それは中国の輸出の大幅減少を招き、〇九年の輸出は前年比一六％減にまで落ち込んだ［＊21］。中国政府は経済面でのショックを懸念し、景気刺激の措置をとった。当時、中国政府のこの決定は他国の経済的困難を緩和する手助けともなったため、好評をもって迎えられた。例えば、国連アジア太平洋経済社会委員会（ＥＳＣＡＰ）の報告は、「中国はグローバルな経済回復のエンジンになるだろう」と表明した［＊22］。

中国政府の景気刺激策は主にインフラ建設と不動産開発を推進することにあった。中央政府の投入額は四兆元、これに加えて地方政府が各種の融資プラットフォーム［＃４］を通して債券を発行し、数十兆元を投入することになった。地方政府のこうした投資は後に償還不能の巨額債務となったが、当時は土木景気をもたらした。中国政府や各国の「中国問題」のウォッチャーの予測とは裏腹に、この土木景気は短命を運命づけられていた。それればかりでなく、短期間に数十兆元もの投資が土木工事に注がれたことで、土木関連の鉄鋼、建材、内装用材料、さらには「川上」産業にあたる石炭、石油化学工業への投資が活況を呈したが、いったん土木景気が終わるや、土木関連の製造業には必然的に巨大な生産能力過剰という問題が出現した。かくして二〇一五年に中国は経済低迷期の段階に踏み込んだのである。

経済の減速が始まってから、中国の政府文書には業界を不安に陥れる二つのまがまがしいタームが現れるようになった。「生産能力過剰」と「ゾンビ企業」である。「生産能力過剰」という言葉には、ある業種の生産能力が市場の需要をはるかに超えているため、必然的にその業種で多くの企業が倒産せざるを得ないという意味が含まれている。そして、深刻な赤字を抱え、操業停止にまで追い込まれて経営が破綻していながら、いまだ倒産を免れている企業が、政府の言う「ゾンビ企業」である。

生産能力過剰がまっ先に現れた業種は鉄鋼、セメント、石炭化学工業、板ガラス、アルミニウム電解精錬である。次に鉄鉱石とコンテナ運輸に関連する造船業、土木工事に関連する重機産業、石炭輸送に関連するトラック産業があいついで生産能力過剰に見舞われた〔＊23〕。中国の現在の粗鋼生産能力は一一・五億トンに達しているが、稼働率は七〇％にすぎない。この二、三年以内に生産能力過剰が深刻な業種（鉄鋼、石炭採掘、セメント、造船、アルミ精錬、板ガラス製造）は三〇％の減産が求められる。したがって三〇〇万人の人員整理が生じることになる〔＊24〕。二〇一六年二月、国務院は今後三年から五年をかけて五億トン分の石炭生産能力を削減し、五億トン分の再編成とスリム化を図る方針を打ち出した。四月には各省庁・委員会が合同で通知を公布し、石炭企業の減産と一三〇万人の人員整理を求めた[＊25]。中国国家発展改革委員会があいついで発布した文書から察すると、コークス、カーバイト、メタノールといった石炭化学工業や、ポリシリコン、ビタミンC原料生産、風力発電設備製造などの業種も似たような状況にあると思われる。

中国国家発展改革委員会の研究者の分析によれば、製造業の過剰生産能力から周期的な過剰部分を除くと、全体のおよそ一五％が恒久的な過剰生産能力と考えられる。言い換えると、製造業の固定資産への投資の一五％が有効ではない投資とみなされるわけである。それらは投資してから実際の生産能力として機能しなかったか、あるいは投資によって生産能力を得たものの過剰生産能力となり、稼働できなかったか、あるいは誤った判断が生んだ不適切な投資ということになる。この研究者はインフラ建設や不動産への投資についての分析を踏まえたうえで、すべての業種での投資について、こういう見解を述べている。一九九七年から二〇一三年までの中国における投資の三五・六％は有効な投資ではなく、その総額は六六・九兆元に達する[＊26]。投資が有効でない場合、借りた側はまともに貸付金を返済できないのが普通である。つまり、この投資分は銀行の不良貸付となる公算が大である。私たちは一三年末における中国のすべての金融機関の貸付残高をこの数字と照らし合わせてみた。一三年の金融システム全体の貸付残高は一一七・五兆元である［*27］。六六・九兆元という額はその五六・九％にあたる数字である。

中国の生産能力過剰という問題の根源は、投資は社会主義であるのに、需要は資本主義という点に求められるだろう。投資が社会主義とは、投資の資金源が主に政府と国有商業銀行であり、投資のリスクが最終的には銀行の不良貸付に転化されるということである。借りた側はまったくリスクを負う必要がなく、国有企業の管理責任者たち個人も責任を負う必要がない。民間企業のオーナーであっても倒産前夜に行方をくらまし、借金を踏み倒すというのは中国ではよくある光景である。需要が資本主義というのは、せっかく生産能力を備えていても、市場の需要がなくなれば、たちまち生産能力過剰に陥るということである。中国におけるこの問題には以下のような二つの特徴がある。

まず第一に、この問題は政府が経済に干渉することがもたらす必然の産物である。中央政府が景気刺激策を打ち出すと、各地の政府は躍起となって各種プロジェクトを起ち上げて呼応する。しかし、そのプロジェクトは同質性がきわめて高く、右へならえとばかり各地で同じ産業の生産能力が同じテンポで急速に拡大する。その結果、深刻な生産能力過剰が生まれる。世界で中国を除いてどんな国の製鉄メーカーが、短期的に値が戻ったからといって軽々に生産拡大の投資に走るだろうか。だが、中国のメーカーは投資の誤りに責任を負う必要がない。金を貸したのは銀行であり、企業は労働者の失業が社会の安定に影響を及ぼすという大義名分を盾に、債務を返済しなくて済むのである。

第二に、政府の景気刺激策ばかりでなく、産業調整政策すら生産能力過剰を生んでいる事情がある。鉄鋼業を例にとると、数年前に中国政府が二〇〇立方米以下の高炉は淘《とう》汰《た》すべしという規定を設けた。その意図は小規模な製鉄メーカーを閉鎖することにあったが、数多くの小規模メーカーは高炉を三〇〇立方米、五〇〇立方米、さらにはもっと大きなものへと作り変えた。政府は淘汰基準を三〇〇立方米に引き上げたが、こうなればいたちごっこでメーカー側はより大きな規模に高炉を改築した。つまり製鉄業界への調整策が、かえって製鉄業の生産能力を高めてしまったのである。中国の深刻な生産能力過剰はみずからの首を絞めるばかりか、世界にも多大な迷惑をかけている。二〇一六年、世界の鉄鋼生産国は世界的な鋼材供給過多の局面に対応するため、減産に踏み切っている。ところが、中国の製鉄業界はダンピング攻勢をかけ、各国に廉価な鋼材を大量に売りさばくことで、生産能力過剰による廃業を免れようとしている。したがって、多くの国では反ダンピングの措置でこれに対応せざるを得なくなっているのである。

（4）トラブル多発の投資大国

欧米資本が大量に中国から撤退し、土木景気も終わった頃、中国企業が大挙して海外での投資におもむき、中国は世界第三位の投資大国になった。中国商務部の「二〇一三年度中国対外直接投資統計」という資料によれば、一三年末までに中国は一八四の国と地域に二万五四〇〇社の対外直接投資企業を設立し、同年の投資額は一〇七八億四〇〇〇万ドルに達した。これはアメリカの三三八三億ドル、日本の一三五七億ドルに次ぐものであった。

アメリカのヘリテージ財団が、中国企業が海外で行っている一億ドル以上の投資項目（債券への投資を含まず）について「中国海外投資追跡（China Global Investment Tracker）」というデータベースを作成し、その動向を追跡している。このデータベースがはっきりと示しているように、中国の投資はエネルギー、鉱業、運輸、銀行など多くの業種をカバーしている。二〇〇五年から一二年六月までに、中国企業は海外で一億ドル以上の投資を四九二項目実施し、総額は五〇五一億五〇〇〇万ドル、そのうちおよそ九〇％が国有企業による投資である。とりわけエネルギー業がチャイナ・マネーのお気に入りである。海外投資の目的から見る限り、中国企業は地域を限定していない。欧米であれ、発展途上のアジア・アフリカ・南米であれ、市場と資源さえあれば、そこには中国企業の足跡が遺されている。

近年、習近平は「一帯一路」構想（シルクロード経済圏と二一世紀海上シルクロードを合体させたもの。ASEAN、南アジア、西アジア、北アフリカ、ヨーロッパがそのなかに収まる）を打ち出し、さらにこの構想に奉仕すべくアジアインフラ投資銀行（AIIB）を組織した。その目論見は中国の巨大な過剰生産能力をインフラ投資のかたちで「一帯一路」沿いの国々に投下することにある。中国はそのために巨額の投資を費やしてきた。二〇一三年だけでもインドネシアに三〇七億ドル、ナイジェリアに二〇七億ドル、イランに一七二億ドル、カザフスタンに二三五億ドルを投資している。「一帯一路」

沿いの諸国は、大半が政情が安定せず、評判も芳しくないハイリスク国家である。この構想が本当に経済効果を生み出せるのかどうか、かなり疑わしいと言わざるを得ないだろう。

「中国海外投資追跡」のデータベースには特に「トラブル事業」という項目が設けられている。つまり、投資後に管理監督機関から認可が下りずに撤退を命じられたり、一部または全体が失敗に終わったケースである。二〇〇五年から一二年までのトラブル事業は合計八八を数え、その投資総額は一九八八億一〇〇〇万ドルに達する。当初、トラブル事業はエネルギー業に集中していたが、後に多様化してさまざまな業種に及ぶようになった。一三年に中国企業が海外での投資あるいは契約で最大の損失を出したのはオーストラリア、アメリカ、イラン、ドイツ、ナイジェリア、リビアの六か国であり、それだけで全体の五分の三を占めている。一四年八月に中国経済貿易促進会の副会長・王文利が語っているように、中国には海外投資をしている企業が二万社以上あるが、「九〇％以上は赤字である」。赤字の原因は、資産評価の誤り、現地労働者との労使紛争、独占禁止法への抵触と国家安全保障の問題（上述したトラブル事業の原因の多くはこれである）、徴税、環境保護、渉外関係などである。ただし、彼は国有企業の海外投資管理者による横領着服については触れていない［＊28］。

3　経済成長下での個人消費の萎縮

経済成長をもたらしてきた輸出と投資という二頭の「馬」が疲れきり、中国経済という「車」本体をもはや引っ張れないとしたら、中国というこの人口超大国は十数億の住民の消費能力に依拠して、今後とも経済繁栄を続けられるのだろうか。ＩＭＦ（国際通貨基金）と世界銀行が中国政府に与えた政策的提言は、消費を拡大して経済を牽引させよというものであった。数多くの西側の学者や企業家たちも当然次のように考えているだろう。中国経済は長年繁栄を続けており、人口もこれほど膨大なのだから、消費の拡大が将来的に成功する経済成長の道でないはずがない。近年、中国人はヨーロッパや日本などで大量の消費財やぜいたく品を爆買いしているではないか、と。

まことに残念ながら、以下の論述を読んでいただければ、ＩＭＦと世界銀行の提言は理論的には正しいものの、現実的にはまったく意味のないおとぎ話であることをお分かりいただけると思う。なぜなら、中国経済は繁栄期を終え、個人消費はずっと冷えこみ、相対的に萎縮した状態が続いているからだ。

一九九〇年年代から中国の中層・下層の消費能力を吸い尽くしてきたのが住宅、医療、教育である（中国人はこれを「新しい三つの大きな山」［#5］と呼んでいる）。これは、とりわけ住居費が高騰してからである。中国経済が繁栄に別れを告げてからは、個人消費はいちだんと冷え込んでいる。中国の消費人口は膨大であり、中国政府もなんとかして経済の低迷を立て直そうと試みているが、どうやら中国経済の復活の望みはかなえられそうにない。

民主的な国家では、個人消費は経済成長とともに急速に増加する。一九六〇年、日本の池田勇人首相は「所得倍増計画」を打ち出し、日本経済のテイクオフと国民所得の普遍的な増加を実現した。では、中国というこの非民主的な国家は、一九九〇年代以降、二〇年余りも経済の高度成長を続けながら、日本の国民が六〇年代から八〇年代にかけて享受したような急速な富裕化を中国の民衆にもたらすことができたのだろうか。

過去四〇年というもの、中国政府は一貫してこう強調してきた。経済の成長が速ければ、国民所得の「パイ」もより大きくなり、ほとんどの人がそこから利益を得られる、と。だが、この中国政府の見解はひとつの前提を無視したものだ。つまり、国民所得の分配が比較的公平であり、経済成長がもたらす富が少数にだけ集中してはならないという前提である。

さて、所得分配の公平さを表す指標として国際的に認められているのがジニ係数である。その数値は〇と一の間で、数値が低ければ低いほど分配が公平であることを示している。反対にこの数値が高いことは所得分配に公平さが欠けていることを示し、通常は〇・四が警戒ラインと考えられている。ある国のジニ係数がこの数値を超えている場合、社会の両極分化が深刻であることを表す。中国の百科サイト「百度百科《バイドゥ》」によれば、日本は世界的に見てもジニ係数の低い国家のひとつであり、普通は〇・二五前後で二〇一一年は〇・二七であったという。

一方、中国は二〇〇三年に輸出景気が始まって以来、ジニ係数は常に警戒ライン上にあり、中国国家統計局が公表したデータは〇・四八前後で推移している。ところが、一四年にミシガン大学の謝宇教授が中国の六種の調査に基づいて推計したところ、〇五年以降の中国のジニ係数は〇・五三〜〇・五五という結果を得た。中国は二〇年余りにわたって不公平な所得分配を続け、富が少数の権力者やビジネスエリートの家庭に急速に集中する事態を招いた。北京大学が公表した「中国民生発展報告２０１５」の調査結果によれば、世帯の財産についてのジニ係数は九五年の〇・四五から一二年には〇・七三に拡大した。つまり、最上層の一％の家庭が全国の約三分の一の財産を保有し、底辺層二五％の家庭の財産は全体の一％前後にすぎないのである［＊29］。

中国の富と所得のゆがんだ分配構造は必然的に消費構造をいびつなものにした。すなわち、大部分の家庭の購買力はいたって低く、彼らの消費は基本的な生存の維持に向けられている。例えば、二〇一三年に全国の人口の四六・三％を占める農村住民の消費支出総額は全体の二二・二％にすぎず、一人当たり平均にすると一日三ドルの消費である［＊30］。これは世界銀行が発表している国際的な貧困基準（一日一・九ドル）を少し上回るだけである。一方、少数の富裕家庭の消費能力は先進国の平均水準をはるかに超えている。中国の都市部の豪華なデパートや高級レストランはたしかに繁盛しているが、消費財市場全体は低調にあえいでいるのである。およそ一〇年くらい前から「国内消費の需要不足（略して「内需不足」）」というタームが中国経済の分析に現れるようになった。長年、数多くのエコノミストが討議を重ねて政府に政策提言をしてきたが、現行の政治的枠組みが存在する限り、国民の平均的な消費能力を向上させる手立てはいっこうに見つからないままである。

国民の平均的な消費能力が向上しないのはなぜか。その根源は政治権力が経済資源と社会的上昇のルートを独占し、社会構造が硬直化していることにある。富と所得の両極化という分布構造はすでに固定化し、中層・下層の所得階層が自分の社会的地位と所得水準を向上させられる可能性はほとんど無いに等しい。したがってここ二年ほど、中国政府とエコノミストたちは内需不足はこれからもほぼ恒常的な現象であり、討議を続けること自体無意味であることを理解したようで、この話題は中国の政策論議から消えてしまった。

読者の皆さんはこう思われているかもしれない。こんなに大勢の中国人旅行客が日本にやって来て物を買い、気前よく札びらをきっている事実は、中国の金持ちと中産階級の人数が大幅に増えている証拠ではないのか、と。では、中国の一四億の人口のうち、富裕階層はいったいどれくらいいるのだろうか。アメリカのあるサイトに掲載された実に能天気な推計によれば三億人である[＊31]。だが、中国の政府と研究機関の推計でさえ、それは数千万人にすぎない。まず、全国の三分の一の財産を占有する最も富裕な一％の家庭はすべて都市部に集中しており、およそ二五〇万世帯、約七五〇万人（一世帯三名と計算して）である。次にアメリカの経済誌『フォーブス』の中国語版に掲載された「2015中国大衆富裕階層財産白書」によれば、二〇一五年末までに中国の富裕な中産階層は一五二八万世帯に達するとしている[＊32]。こうした富裕な世帯が一戸当たり三人とすれば、およそ四五〇〇万人になる。つまり、富裕階層の両者を合計すればざっと五三〇〇万人になる。これは中国の全人口の三・八％である。ここで指摘しておく必要があるのは、中国の富裕階層といえど、三〇年前にはみな無産者（毛沢東が指導した共産党は全国すべての人々を無産者にしていた）であったということだ。そして、たかだか三〇年の間に彼らはみずからの企業を所有し、あるいは多額の金融資産と不動産を所有するに至ったのである。彼らの多くは先に述べた「紅い家族」であったり、〈官〉と〈商〉

の癒着を通して利益を得た人々である。チャンスをつかんで栄達したのはごく一部の科学技術エリートだけである。

上にあげた数字をもう一度整理すると、中国の総人口一四億人のうち九六％は基本的に「ややゆとりのあるまずまずの暮らし（小康）」か「衣食には困らない暮らし（温飽）」を維持するのに精いっぱいで、本当に高い消費能力があるのは総人口の四％前後を占める五〇〇〇万人余りということになる。どんな国であろうと、人口のわずか四％の消費能力に依存して経済全体を牽引させることは無理である。まして彼らは海外ブランドやぜいたく品がことのほか大好きで、先進諸国に出かけては買い物に興じている。おかげで中国は世界ナンバーワンの海外旅行消費国になった。二〇一三年の中国のぜいたく品の購入総額は一〇二〇億ドルで、世界の四七％を占めている。そのうち七三％が国外での購入である［＊33］。一四年の中国人の国外での消費総額は一六四八億ドルである［＊34］。中国人が日本、韓国、アメリカ、ヨーロッパで最大の外国人消費集団になっているということは、中国国内での購買力がその分そっくり他国に移転されたことを意味する。彼らは中国経済ではなく、他国の経済を引っ張っているのである。

最上層四％の人口のきわめて高い消費能力と、低所得層九六％の消費能力不足。この対比がもたらすものは、ＧＤＰ（国内総生産）に占める個人消費の比率の異常な低さである。１３５頁の表1にあるように、改革の当初、中国の個人消費は対ＧＤＰ比で五三％であった。その後、中国経済が繁栄期に入ってから、この比率は上昇するどころか下がり続け、二〇〇八年以降は三六％前後で推移している。

世界銀行が公表している一七三か国のデータのうち、特殊な小国を除き、人口一〇〇〇万を超える国でＧＤＰに占める個人消費の割合が三五％という異常に低い水準にあるのは三か国だけである。他の二国はアルジェリアとサウジアラビアで、中国は三番目である。世界のほとんどの先進国では国内消費こそ経済の主要な支柱であり、個人消費がＧＤＰに占める比率はかなり安定している。例えばアメリカ、イギリス、日本、フランス、ドイツの比率はそれぞれ六九％、六五％、六一％、五六％、五五％である［＊35］。

中国の消費の低迷にはもうひとつ別の重要な原因がある。それは二〇年余り上がり続けている不動産というマネー吸い上げポンプが社会の購買力を吸い尽くしていることである。中国は長年にわたって「内需」による購買力にスイッチが入ることを切に願っているのだが、それは不動産という巨大吸い上げポンプによって絞り尽くされてきた。中国では早くから「一軒の住宅で中産階級一世帯が消える」、「一軒の住宅で一人の百万長者が消える」と言われてきた。この状況については次章で詳しく述べよう。

中国の高度成長下における消費の相対的萎縮というまことに異常な事態は何を物語っているのだろうか。第一に、中国の経済成長のプロセスにおける富と所得の両極分化によって、大多数の国民の購買力が経済成長とともに上昇しなかった。そのため、多数の国民の消費能力が低いままとなったのである。第二に、中国は経済改革を四〇年近く行ってきたが、長年にわたって個人消費の力が弱く、経済を牽引する役割を十分には果たすことができなかった。そのため、輸出と土木事業によって経済成長を支えるしかなかったのである。しかし、いったん輸出と土木景気が不振になると、中国経済はたちまち成長エンジンを失い、長期的な経済不況に陥ったのである。

世界の労働力の四分の一を占める人々が懸命に働き、それでもなお消費する能力がない場合、経済成長を続ける方策は二つしかない。輸出を増やし続けるか、土木工事を拡大し続けるかである。この二つの方法を中国政府は現にとってきた。その結果、いびつ

表1　個人消費の対GDP比（%）

年度	1981	1991	2001	2006	2008	2009	2011	2012	2013	2014
%	52.5	46.7	46.5	37.8	36.5	35.7	35.7	36.0	36.2	37.9

GDPおよび2008年〜2013年の個人消費のデータは『中国統計年鑑2014』（中国国家統計局編）による。1981年〜2006年、2014年の個人消費のデータは中国国家統計局のウェブサイト（http://www.stats.gov.cn/tjsj/ndsj/2015/indexch.htm）に掲載の数値に基づく。

な経済構造のもとで巨大なバブル経済が形成されたのである。このバブルは目下のところはじけてはいないが、それは完全に政府の政策のおかげである。例えば、銀行は不動産開発業者と不動産購入者に多額を貸し付け、購入者には税制上の優遇措置を与えてバブルを懸命に支えている。つまり、バブルがはじける時を必死に遅らせようとしているわけである。しかし、中国はその短期的で一過性のいびつな経済成長のために重い代価を支払うプロセスにすでに入っている。中国経済にはくぐり抜けられそうにないボトルネックがこの先いくつも待ち構えているのだ。

【原注】

＊1 中国商务部中国对外经济贸易统计学会《1985－2007年中国对外贸易依存度表》、2008年8月29日。

＊2 中国国家统计局编《中国统计年鉴2014》、中国统计出版社。中国商务部综合司《2014年12月进出口简要情况》、《2015年12月进出口简要情况》。

＊3 海关统计资讯网、(http://www.chinacustomsstat.com/)。

＊4 Stock-AI 投资级经济指标使用指南 (https://cn.stock-ai.com/)。

＊5 季敏华、徐可《一名玩具商的意外死亡》、财经网、2007年8月21日。

＊6 《中国食品出口海外——成制裁对象 引黄祸恐惧》、《新华时报》第158期、2007年7月21日。

＊7 中国商务部《中国连续18年成遭遇反倾销调查最多国家》、中国商务部网站、2014年1月16日。

＊8 《最低工资上调推动涨薪潮 调查称近九成企业将加薪》、新华网、2011年2月16日。

＊9 《外资制造业大迁徙》、《中国经营报》、2007年3月9日。《在美国建厂：很多成本低于中国》、chinago-Abroad、2014年6月13日。

＊10 《外资制造业大迁徙》、《中国经营报》、2007年3月9日。

＊11 《商务部工商总局官员因外资审批窝案相继落马》、南方网、2008年10月30日。

＊12 程晓农《探寻中国热钱的踪迹：中国的假外商》、纵览中国网站、2015年8月9日。

＊13 中国商务部外资司《2015年1－12月全国吸收外商直接投资情况》、中国商务部网站、2016年1月1日。

＊14 柴青山《外资税收漏洞调查：优惠政策让中国付出沉重代价》、《21世纪经济报道》、2006年6月19日。《百度阿里为何都跑到开曼群岛上注册公司？》、《新京报》、2015年1月18日。

＊15　沈威风《从中国制造到中国消费》、《经济观察报》、２００８年3月22日。
＊16　Harold L. Sirkin, Michael Zinser, Douglas Hohner, "Made in America, Again, Why Manufacturing Will Return to the U.S." Boston Consulting Group, August 2011.
＊17　李超、陈秀月《东莞寻路》、《经济观察报》、２０１５年4月25日。
＊18　李溯婉《中国制造、最好的时代已逝抑或未到?》、一财网、２０１５年10月25日。
＊19　《你未必知道的著名外企离华清单!中国经济大拐点开始了》、传送门、２０１５年2月9日。
＊20　Kathy Chu' "Why You May Soon See More Goods Labeled 'Made in Vietnam'", The Wall Street Journal, Oct. 18, 2015.
＊21　中国国家统计局编《中国统计年鉴２０１４》、中国统计出版社。
＊22　联合国亚洲及太平洋经济社会委员会《２００９年亚洲及太平洋经济和社会概览》、２００９年3月26日。
＊23　《〈中国工业发展报告２０１４〉发布：中国步入工业化后期》、中国经济网、２０１４年12月15日。
＊24　新华社《中国钢铁行业去产能可能造成40万人失业》、２０１６年1月26日。
＊25　杨清清《煤炭行业化解产能过剩将全面铺开、超百万产业工人安置政策陆续完善》、《21世纪经济报道》、２０１６年４月。
＊26　徐策、王元《防止低效与无效投资造成巨大浪费》、《上海证券报》、２０１４年11月20日。
＊27　中国国家统计局编《中国统计年鉴２０１４》、中国统计出版社。
＊28　《中国企业海外投资面临五大陷阱90％以上亏损》、参考消息网、２０１４年8月14日。
＊29　《报告称中国1％家庭占有全国１／３财产》、《新浪新闻》、２０１６年1月13日。
＊30　中国国家统计局编《中国统计年鉴２０１４》、中国统计出版社。

＊31 Rachel Lu, "Meet China's Beverly Hillbillies", Foreign Policy, Oct. 15, 2013.
＊32 《〝福布斯〟中文版第三年发布〝２０１５中国大众富裕阶层财富白皮书〟》、人民网山东频道、２０１５年４月29日。
＊33 闻剑《中国人均境外消费冠全球》、自由亚洲电台、２０１４年７月29日。
＊34 姚玉洁《去年中国出境旅游人次超１亿 海外消费１６４８亿美元》、新华网、２０１５年２月24日。
＊35 The World Bank, "Household final consumption expenditure, etc. (% of GDP)".

【訳注】

＃１ パナマの毒入りシロップ事件の事情はややこみ入っており、パナマの製薬会社がスペイン経由で江蘇省泰興市のメーカーが製造した医療用「ＴＤグリセリン」を取り寄せたのが事の発端である。その中身は医療用グリセリンではなく、不凍液に使う工業用ジエチレングリコールが入っていたことが大量の中毒死につながったと考えられるが、責任の所在はうやむやになった。この種のニセ薬品問題は中国国内でも頻繁に発生し、死亡事故も起きている。中国の食品の安全性については、メラミン入り粉ミルク、下水を精製したいわゆる地溝油（ドブ油）、鼠肉を加工したしゃぶしゃぶ用羊肉等々、耳を疑うような事例に事欠かない。そもそも農産物そのものに重金属汚染と高濃度の残留農薬の疑念があるうえ、食品加工の過程でも信じられないような処理（薬剤や添加物、偽装した原材料など）が施されている例が数多く伝えられている。物流の国際化が進むなか、中国の国内基準で製造されてきた物品が国際市場にも流れた時、その安全性とモラルを欠いたあり方が各国の驚きと反発を招いていると考えられる。

＃2　富士康は台湾・鴻海精密工業の中核子会社で、従業員四〇万人を抱える世界最大の電子機器受託製造メーカーである。深圳市にある同社の工場には若い出稼ぎ労働者（農民工）が集まっているが、二〇一〇年一月から五月末にかけて宿舎からの飛び降り自殺が一二件連続して発生した。富士康は対応に苦慮し、職場環境の見直しと賃金アップを約束した。ちょうど同じ頃、仏山市の南海ホンダ部品工場では二人の工員の職場放棄から偶発的にストライキが発生した。従業員側の要求は賃上げと自主労組の結成、スト参加者の雇用継続であり、「権益擁護の闘い」という自覚のもと、全国の労働者への連帯の意識も表明された。結局、経営側が賃上げ要求を一部のんで六月初めに争議は収束したが、連鎖自殺とストライキという若い世代の出稼ぎ労働者群の行動は表裏一体の印象を与え、彼らの置かれた厳しい現状を鮮烈に伝えるものとなった。

＃3　VIE構造（variable interest entity structure）は変動持分事業体あるいは契約支配型ストラクチャーと呼ばれるもので、株式保有を基本とする通常の企業支配とは異なり、契約による支配を可能とする企業構造である。契約や財務的な取り決めによって事業体の純資産が変動すれば、持ち分も変動する。VIE構造は新浪、百度、テンセント、アリババなど新興IT系企業が海外市場での上場によって資金を調達するために活用されてきた。その手法は非常に複雑で、タックスヘイブンに特別目的事業体となるオフショアカンパニーを設立したうえで、中国国内に一〇〇％出資の子会社を作り、その子会社が対象会社と契約を結んで支配を及ぼすという構造である。この構造を利用すると、中国で外資の参入が禁止されているインターネットや教育、出版などの分野にも、対象会社が認可を受けていれば参入可能となる。VIE構造によるアメリカでの新規上場については上場審査のすり抜けという批判があるが、やはり最大のリスクは中国においてVIE構造がグレーゾーンに属し、今後、当局による規制の対象になる可能性が排除できないという点である。

＃4　地方政府は債券を発行することが禁じられているため、不動産・インフラ開発を目的とする、資金調達とデベロッパーを兼ねた投資会社を独自に設立した。これが融資プラットフォーム会社である。いわば法規制の網をかいくぐった一種のシャドウ・バンキングのシステムであるが、中央政府も「条件の整った地方政府が融資プラットフォーム会社を設立し、企業債や中期手形という調達手段を通して中央政府の投資プロジェクトをサポートする」（中国人民銀行・中国銀行監督管理委員会の二〇〇九年の通達）ことにはお墨付きを与えた。融資プラットフォームに流れ込む資金は大半が高利回りの理財商品であるが、その総残高は二〇一六年末で二九・一兆元に達している。

#5
中華人民共和国の建国当初、帝国主義・封建主義・官僚資本主義という三種が中国人民を圧迫する敵として「三つの大きな山」と呼ばれていた。

第四章

中国経済はなぜ
ポンジ成長に陥ったのか

二〇〇八年、アメリカ発の金融危機が全世界に波及した。その影響は危機を作りだした当事国のアメリカよりもEU諸国などのほうが深刻であった。四兆元を投入して景気刺激策をとった中国政府は当時「世界経済の救済者」と目されたが、三年後には少なくとも二〇兆元以上の地方債務の泥沼にはまりこみ、ポンジ成長のプロセスに踏みこむことになった。

1 金融危機以降の情勢

ポンジ成長という言い方はポンジ・スキーム（出資金詐欺）〔#1〕から発想したものである。金融活動に高度に依存する現代の経済システムとポンジ・スキームとには類似した運用メカニズムがある。つまり、高収益があがるという触れこみの投資活動を設定し、多くの投資家を集めることで、後からの投資家の資金を初期の投資家の高収益に回すという仕組みである。しかし、最後には資金繰りに行き詰まり、投資家の信頼を失ったとたんにシステム全体が破綻する。中国では「金融の自由化」という掛け声のもと金融業が活況を呈し、中央銀行（中国人民銀行）は通貨を増発し続け、新たな貸付を増やし、株式市場を刺激し、不動産価格を吊り上げてきた。その手法はポンジ・スキームそっくりそのままである。

（1）人民元の大増発——中国は世界最大の紙幣印刷マシーン

中国の外貨準備高は世界最高であり、二〇一四年六月三〇日には三兆九九三二億ドルというピークに達した〔結語の訳注#3を参照〕。この莫大な外貨資産は全世界に中国はきわめて富裕であると思わせており、中国政府と民衆（著名なエコノミストも含めて）もそう考えてきた。なかには民衆に外貨準備を分け与えよという主張まで現れる始末である。（外国メディアも含めて）中国政府が外貨準備を用いて世界を救済すべきと要望する声はもっと大きいだろう。同様の発想から、中国政府は外資を導入する必要はなく、数兆ドルにのぼる外貨準備を新たな開発投資に回せばよいと提起する者もいる。これらの見解はすべてひとつの誤解に基づいている。つまり、外貨準備を中国政府の外貨貯蓄であると勘違いしているのだ。実は中国の外貨準備は大半が国内における人民元の増発によって賄《まかな》われてきたのである。

そのため、中央銀行通貨政策委員会の委員を務めるエコノミストの周其仁《しゅうきじん》はみずからこう言明せざるを得なくなった。——中国の三兆ドル余りの「国家外貨準備」は、一元一分に至るまで中央銀行の人民元による負債によっている。この負債が一般家庭や企業、商業的な金融機関の負債と違うところは、中央銀行が借金する時には債権者の同意を必要とせず、債権者が知らなくてもいいという点である。なぜなら、中央銀行は中央政府が管轄しているので、政府の信用で金を借り、政府の収入で返すということになるからだ［＊1］。

ところが、それでもなお「外貨準備は中国政府と人民がともに所有する財産である」という考え方が横行している。周其仁が語る「外貨準備は一元一分に至るまで政府の負債による」という事情は、中国の外貨管理制度がもたらしたものである。中国の外貨準備は大半が国内で増発された人民元によって「資金調達」されてきた。その外貨管理体制が欧米や日本と異なるのは、中国政府は無制限に米ドルなどの外貨を人民元で購入し、それによって人民元の為替レートを安定させることが制度として決められている点である。平たく言えば、中国の銀行のカウンターに外貨が置かれれば、中央銀行は人民元でそれを購入しなければならないということだ。そして、購入した外貨がすなわち中国の外貨準備を構成するというわけである。言い換えれば、中国の数兆ドルにおよぶ外貨準備の大半は、そもそも外国政府と外国企業家の財産であり、中国人のものではないということである。そのなかには外国ビジネスマンによる対中投資の資金や中国がため込む対外債務、中国を頻繁に出入りする国際的な短期的流動資本、いわゆる「ホット・マネー」、さらにはもちろん貿易黒字も含まれる。ただし、貿易黒字と言っても、それがすべて中国人のものというわけではない。そのうちの大きな部分は多国籍企業の資産が占めているのである。

　中国の国としての信用と正常な経済秩序を維持するためには、内外のビジネスマンの日常的な両替のニーズに応える必要がある。そのため、中国政府は外貨で金や石油、鉱産物といった実物資産を購入することがほとんどできない。二〇一四年八月以降、中国の政治的経済的環境が悪化し、資本の流出が加速したため、中国政府は外貨管理を強化し、外資の撤退を難しくした。『日本経済新聞』（一六年九月二二日）の報道によれば、日本の財界人を率いて訪中した経団連が、海外企業が中国市場から撤退する際の手続きを一括して処理する相談窓口の設置を要請した［＊2］。日本資本の撤退手続きが煩雑なのは、中国が外貨管理を強化した結果でもある。

ところで、中国はいったいどれくらい通貨を増発したのだろうか。中国の21世紀網〔二〇一五年に運営停止措置〕がアメリカ・日本・イギリス・中国・ユーロ圏の五大中央銀行の二〇〇八年から一二年までの広義の通貨供給量（M2）［#2］のデータに基づいて試算したところ、一二年末時点での全世界の通貨供給残高は人民元換算で三六六兆元であった。そのうち一〇〇兆元強（全体の二七％）が〇八年の金融危機以降に増発された通貨である。この期間に全世界の通貨供給は毎年増え続け、一二年には合計二六兆二五〇〇億元というピークに達した。

スタンダードチャータード銀行の二〇一二年のリポートによれば、〇九年から一一年までで全世界で増加したM2のうち、人民元の占める比率は四八％であり、一一年単年では五二％にまで達したという。これほどまでの増加の規模と形勢は、世界各国の経済発展史上でも稀なことである。一二年にも中国は引き続き大量の人民元を印刷し、新た

図1　主要国および地域の2012年のM2の増加分布表

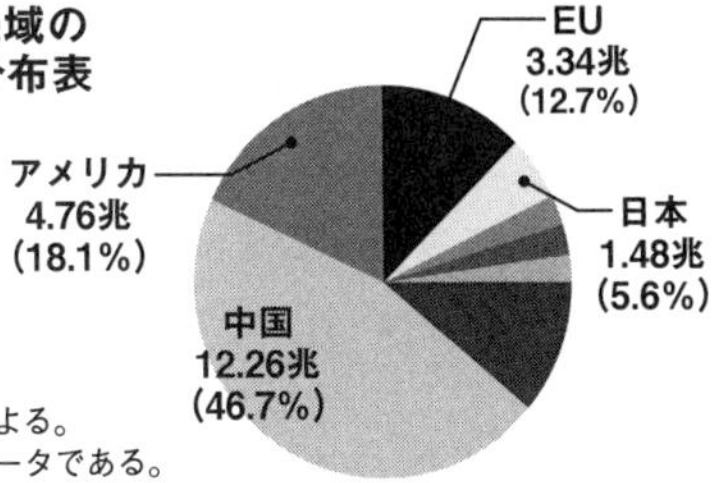

単位は人民元。
データは各中央銀行の統計による。
注：EUは2012年11月末のデータである。

に増加したM2は一二兆二六〇〇億元に達した。これは全世界のM2増加分の四六・七％である（上図1参照）［＊3］。

二〇〇三年から一三年までの一〇年間で、中国のマネタリーベースは五倍強に膨らみ、外貨資産は三兆四〇〇〇億ドル増加した。マネタリーベースの増加分はほぼ自国通貨の放出による外貨準備の増加に相当している。一四年末時点での中国の中央銀行の総資産における外貨資産の割合は八〇％に達し、政府債券と中央銀行による融資をしのいでいる［＊4］。中国の通貨政策は外貨準備によってそれ自身の独立性を失っており、預金準備率の調整は外貨流入を相殺する主要な金融政策ツールとなっている。〇四年以来、預金準備率の調整は四〇回にも及んでいる。ここ三年は貯蓄が増えて投資が減り、過剰流動性のリスクが増大している。

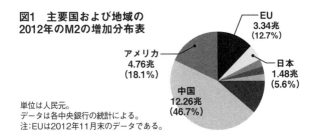

（2）債務の泥沼

中国経済がポンジ成長に陥った要因には、通貨の増発以外で言えば、山積する債務という問題がある。二〇一五年一年だけでも中国の債券市場では二二兆三〇〇〇億元の各種債券が発行され、前年比同期より八七・五％増加し、伸び率でも前年比同期より五五・二％増加している。何より重要な点は債務状況が不透明であることだ。中国当局が公開しているデータと国際的な投資業界の推計とにはかなり大きな隔たりが存在する［＊5］。

各種の国家債務のなかでも、中国の地方政府〔地方行政単位〕の膨大な債務こそきわめて危険な部分である。二〇一五年末時点で、中国政府の債務は総計二六兆六七〇〇億元である［＊6］。ある国家または地方政府の赤字と債務を判断する指標としては、赤字率・負債率・債務率などがある。赤字率とはある年度の政府赤字の対ＧＤＰ比である。負債率とはある年度の政府債務残高の対ＧＤＰ比である。債務率とはある年度の政府財務残高と可処分財政との比率である。国際社会ではこうした指標におおよそ一致した警戒ラインを設定している。議論をシンプルにするため、ここでは債務率という視点で分析を進めよう。世界各国では一般的に地方財政の債務率は一〇〇％を超えてはならないという規定を設けている。中国社会科学院の研究報告「中国国家資産負債表２０１５」のデータによれば、二〇一二年末での地方政府の債務率は一一二・八％であった。貴州省と遼寧省の債務率はそれぞれ一二〇・二％と一九七・四七％であり、全国人民代表大会（全人代）の策定した一〇〇％というレッドラインを上回っている。

ただし、上記のデータは中国政府が公表したものにすぎず、地方政府の実際の債務データとはかけ離れているはずだ。国家発展改革委員会に属する李鉄（現任は都市・小城鎮改革発展センター主任）は、中央に報告された地方の債務（一八兆元）は実際の債務の半額にも達していないと二〇一四年に言明している。彼が十数の都市をめぐって地方の状況を調査したところ、実際の一〇％しか申告していないところや、二〇％か三〇％しか申告していないところがあった。全体として実際の債務の五〇％を申告しているところはほとんどなかったのである［＊7］。債務の全体像が不透明な状況は今日も続いている。財政部と発展改革委員会の内部会議での発言によれば、債務が過少に報告されているほか、地方の財務報告書に記載されていない隠れ債務が大量に存在するという［＊8］。

言い換えれば、中央政府は地方の債務が本当はいったいどれくらいあるのか、まったく把握しきれていないのである。

中国の債務規模についての外国機関の推計は、中国当局のデータよりはるかに大きくなる。マッケンジー国際研究所による二〇〇八年の金融危機以降の各国における債務状況に関する研究リポートはこう指摘している。〇八年以降、全世界で債務は五七兆ドル増加し、中国は〇七年の七兆ドルから一四年中には四倍の二八兆ドルに増加した［＊9］。この数字に従えば、中国がわずか七年で増やした債務は、同時期の世界で増えた債務総額の三七％を占め、一四年中に中国の債務はGDPの三一〇％に達したことになる［＊10］。

アメリカの有力なビジネス・ウェブサイトであるビジネス・インサイダーの副編集長ジム・エドワーズも一六年の記事でこう指摘している。

——中国経済が成長を維持している時、中国の債務総額も急激に膨張し、二〇一四年末には三五兆ドルに近付いた。これはGDPの三五〇％に相当する額である［＊11］。

(3) 周小川の「貯水池理論」

投資が盛んだった時期には、通貨の異常増発がもたらすマイナス効果はまだはっきりとはしていなかった。しかし、いったん投資が冷え込むとそれはたちまち姿を現した。国内の貯蓄の増加と遊休資本の増加が過剰流動性の加速化を生み、インフレ危機をもたらしたのである。そこで、中国の金融情勢に精通する中央銀行総裁の周小川《しゅうしょうせん》はひとつの方策を思いついた。二〇一〇年一一月の財新サミット開会式の席上、彼は初めて「貯水池理論」を提起した。彼の発言はこういうものだった。

「短期的な投機資金が中国に流入する場合、我々はそれをひとつのため池に流し込むつもりである。これによってそれが中国の実体経済のなかに氾濫《はんらん》しないようにする。そして投機資金が中国から去ろうとするなら、我々はそれをため池から放出する。こうすれば、かなりの程度、資本の異常流動がもたらす中国のマクロ経済へのショックを和らげることになるだろう」[*12]

この理論が登場するやいなや、中国の金融界はすぐに大きな関心を寄せた。

ここでは理解を助けるため、分かりやすい例を挙げて説明しよう。例えば長江《ちょうこう》は長大な大河であり、各種の洪水災害がよく発生する。洞庭湖《どうていこ》や鄱陽湖《はようこ》といった長江の水量を調節する巨大な遊水池はあるものの、日頃から河道を整備し、堤防を修築し、増水分をうまく分流させる治水対策をとってこそ洪水災害に備えられる。中国の金融システムにとって過剰流動性は洪水災害のようなものであり、中央銀行は治水対策が欠かせない。この「貯水池理論」は中国の中央銀行とその通貨政策が直面する深刻な状況が生み出した産物であり、それによって近年の通貨政策が直面してきた「過剰流動性」という苦境をうまく切り抜けてきたと言えるだろう。

では、周小川が中国のために築いた「貯水池」とはいったい何を指すのだろうか。平たく言えば、一つは不動産であり、もう一つは株式市場である。この二つの「ため池」が通貨の大増発と中国に押し寄せるホット・マネーに対応する貯水池として代わる代わる用いられたのである。これが中国の不動産価格が上昇し続け、とうとう世界一になってしまった原因である。もし北京の不動産をすべて現金化するなら、それだけでアメリカ全土が買える金額になるという記事まで登場する始末である。不動産が過熱すると、中央政府は株式市場を貯水池にし、全国の民衆に株式投資を呼びかける。例えば二〇一五年の中国株の暴落は、政府がメディアを使い、政策的に株式市場の操作を行った結果である。株価が下落すると、市場価値も消えてなくなる。一五年の暴落の際には時価にして二五兆元が消えてなくなった。これは投資家一人当たりで平均二五万元の損失である［＊13］。かくして流動性は大いに減少し、金融危機は一時的に回避されたのである。

二〇一六年九月に杭州で開催されたG20サミットで、習近平は「単に財政出動による景気刺激策や異例の通貨政策に依拠するだけの成長は持続可能ではない」とまことにもっともな道理を語っている。だが、中国政府が今後とも権力を握りおおせると信じる者がいる限り、彼らがこれまでの過ちを深く反省し、財政出動による景気刺激策や通貨の大増発など「経済発展」のためにとってきた従来のやり方を放棄するとはとても思えない。

2 莫大な通貨をため込む最大の貯水池――不動産

世界はグローバル化がもたらした災厄についてあらためて考え直し始めている。経済方面について言えば、不動産バブルが災厄の始まりという点で認識は一致している。日本経済のバブル崩壊がそうであったし、英米両国の金融危機の発端も不動産であった。現在、中国の不動産バブルは世界から史上最大級のバブルであると認定され、その崩壊は三、四年の長きに及ぶであろうと予測されている。では、中国の不動産バブルが二〇一七年になってもまだはじけず、北京・上海・蘇州・深圳などの不動産価格が上昇し続けているのはなぜだろうか。以下では、三方面から中国の不動産が帯びている「中国的特色」を分析してみよう。

(1) 供給過剰

例えばアメリカの不動産市場であれば、不動産の供給は需要と供給のバランスによって決まる。つまり、供給が過多になると住宅が売れ残り、不動産業者は建築を止める。

理由はいたって簡単である。住宅が売れないと不動産デベロッパーは銀行からの貸付を返済できなくなり、最後には倒産に追い込まれるからである。一方、中国の不動産市場にはアメリカや日本とは異なり、特殊な政治的機能が付与されている。この機能は地方政府が財政収入の半分以上を土地売却によって得ていることがかかわっている。地方政府は財政収入を得るために絶えず土地を供給しなければならず、しかも国有商業銀行の融資の方向性は地方政府の政策に寄与するものであるため、不動産デベロッパーに資金が提供される。その結果、新たな供給が次々と生まれ、最終的には大量の売れ残りが発生し、全国に「鬼城《ゴーストタウン》（無人の売れ残り住宅街）」が点在することになった。二〇一三年以降、中国政府は「在庫の削減」を政治的キャンペーンとして発動したが、在庫は増え続けている。その原因は売却のスピードが建設に追いつかないことにある。

不動産の在庫がどれくらいあるのかについては、中国国内でも諸説があって定まらない。国家統計局のデータによれば、二〇〇五年末から〇九年末まで、全国の未売却の分譲住宅面積は二億平米を突破していなかった。〇八年以降、未売却面積は増加の一途をたどり、一五年末には七・一八億平米という史上最高レベルに達した。〇七年から一五年までの九年間に中国の未売却分譲住宅面積は四倍強にふくれあがったのである[＊14]。ただし、これには別の指摘もある。当局のデータから見ると、国家統計局が毎月公表している「未売却分譲住宅面積」は在庫の概念に近いものの、本当の在庫とはかけ離れているというものだ。理由は二つある。第一に、企業が土地を購入し、まだ着工していないが最終的には住宅を建設する予定分を供給に算入すべきであること。第二に、建設中の物件が在庫に算入されていないことである。この二つの遺漏分を全体に加えると、相対的に真実に近い在庫が判明する。つまり、在庫総数は約九八・三億平米で、そのうち売れ残りの未売却分は六・八六億平米、さらに未着工の住宅用地分が四二・三億平米、建設中の分譲住宅在庫は約四九・一億平米である。

業界関係者の話によれば、中国はここ数年で今後一〇年分の住宅をすでに建設してしまったという[＊15]。中央政府が在庫削減を重要な経済任務として全国で推進し、国有商業銀行が住宅ローンの融資条件を大幅に緩和した二〇一六年でさえ、全国の分譲住宅在庫はピークであった二月の七・三九億平米から八月の七・〇八億平米へと、わずか〇・三一億平米、全体の四％しか減らせなかったのである[＊16]。

それには不動産の供給が過多であるほか、中国人がすでに基本的に住宅を持っているという事情があずかっている。住宅の数量と世帯当たりの平均保有数から見る限り、中国は住人に自宅をという課題をすでに首尾よく実現している。一九七八年の中国の都市住民の一人当たりの住宅面積は七平米にすぎず、約四七・五％の都市住民世帯が住宅がないか不十分という問題を抱えていた。住宅問題は当時最も深刻な都市部の社会問題のひとつであった［＊17］。

現在、中国における住宅の保有率はアメリカや日本といった先進国よりはるかに高い。中国家庭金融調査研究センターが発表した『中国家庭金融調査報告』によれば、都市部での住宅保有率はなんと八八・二二％に達し、一世帯当たりの住宅保有数は平均一・二二戸である。そのうち、一戸を保有する世帯は六九・〇五％、二戸を保有する世帯は一五・四四％、三戸以上を保有する世帯は三・六三％である。一方、農村部における住宅保有率も九四・七二％に達している。一世帯当たりの住宅保有数は平均一・一五戸である。そのうち、一戸を保有する世帯は八〇・四二％、二戸を保有する世帯は一二・二〇％、三戸以上を保有する世帯は二・一〇％である［＊18］。自分の家を持つこと、それはアメリカン・ドリームの伝統的なシンボルであり、自宅を保有する夢を実現することには強い社会的影響力がある。そんなアメリカの商務省国勢調査局による最新リポートによれば、二〇一四年第3四半期におけるアメリカ人の住宅保有率は六四・四%にとどまっているのである[*19]。

一方、中国の都市部における住宅を保有していない一一・八八%の世帯は、購買能力をまったく欠いた貧民層であることは想像に難くない。前章でも述べたように、北京大学中国社会科学調査センターがまとめた『中国民生発展報告2014』は、中国において財産の不平等が急速に進行していると指摘している。一九九五年のジニ係数は〇・四五であったが、二〇〇二年には〇・五五、二〇一二年には〇・七三に達した。社会の頂点にいる一%の世帯が全国の三分の一以上の資産を占有し、底辺層の二五%の世帯の資産総額は一%前後にすぎない。貧困に取りつかれた最下層の世帯は日々を生き永らえるのに精一杯であり、住宅を買う力などあろうはずもない[*20]。

不動産市場の機能はそもそも居住機能であるはずだが、中国の不動産はインフレ圧力のもと、早い時期から投資の対象になってきた。ここ数年、西側諸国における反マネーロンダリング活動は顕著な成果を収めている。二〇一四年五月六日にスイスや中国を含む四七か国がフランスで締結した「国際自動的情報交換基準」では、四七の締結国は自国の銀行の外国預金者の資料を関連国と相互に交換すると規定している。その目的は各国の富豪や政界要人によるマネーロンダリングや脱税を防止することにある。しかも「中国オフショア金融の機密開示」や「パナマ文書」が中国の多くの権力者や要人の一族が海外に金を隠し持っていると暴露する状況のなか、中国の金持ちや権力者はスイス銀行などの脱税天国に金を隠すという方式から、世界各国の豪邸を購入する方式に改めるようになった。その結果、各国の不動産価格が上昇し、とうとうイギリスのロンドンやカナダのバンクーバーでは中国人による不動産購入に制限を加える動きが始まっている［＊21］。

(2) 不動産の高度バブル化

不動産がバブル化しているかどうかを判断する指標は主に三つある。それは不動産投資の対GDP比、不動産価格と収入との比率、賃貸料と分譲価格との比率である。

不動産投資の対GDP比は、その投資が過熱していないか、さらに将来的な伸びしろがあるかどうかを判断する指標となる。IMF（国際通貨基金）の算出によれば、中国の不動産投資の対GDP比は二〇〇三年の七・三九％から一五年には一四・一八％へと上昇し、住宅投資の対GDP比は四・九三％から九・五五％へと上昇している。この通り、不動産および住宅への投資の増加は歴然としている。これは中国の不動産投資市場にとって決して良い材料ではない。不動産投資の周期的な変動を経験してきた国々と比べても、中国の住宅投資のここまで高い比率はすでにきわめて危険なレベルにあると言える。かつて日本が経験したバブルの最盛期でさえこの値が八・七％を超えることはなく、アメリカのサブプライムローン危機の時期でも最高値は六・五％にすぎなかったのである〔＊22〕。

不動産価格と世帯年収との比率は、住宅消費需要の持続可能性を判断する指標となる。維基百科〔中国語版ウィキペディア〕に掲載された各国の資料によれば、統計可能な世界一〇二か国のうち、中国は二四・九八で世界第六位に位置している。ちなみに日本は二〇・一七で第一二位、アメリカは三・三七で第九九位である〔＊23〕。

不動産価格と月額賃貸料との比率は、長期的な投資価値があるかどうかを見極めるための指標になる。国際的な慣例に従えば、この比率はある地域の不動産業が健全に運営されているかを判断する重要な指標である。国際基準では通常一：一〇〇から一：二〇〇である。これについては「中国房地産報」紙の記者が、中国都市不動産価格トップ三〇と賃貸料ランキング・トップ三〇から重要な二〇都市を選んで賃貸料と不動産価格の比率のランキングを作成したことがある。結論はこうであった。現在、中国の不動産価格と月額賃貸料との比率は二〇市とも一：三〇〇を上回っている。第一位の深圳は一：七三二であり、北京は第三位で一：六二五、上海は第五位で一：六〇七であった［＊24］。

（3）なぜバブルがはじけないのか

一九六〇年よりこのかた、不動産投資の対GDP比が六％を上回った国では、不動産バブルは必ずはじけている。ところが、中国の不動産は全世界が「いつ倒れるか、いつ倒れるか」と固唾をのんで見守るなか、いまなお北京・上海・深圳・杭州・蘇州・南京・成都など経済発展が進んでいる少数の大中都市ではバブルが膨らみ続けている。一方、それ以外の地方都市では至るところに無人の「鬼城《ゴーストタウン》」が出現している。中国の不動産バブルの膨張を支えているものはいったい何なのだろうか。そこには主に三つの要因が存在する。

①不動産業は中国経済の「竜頭《リーダー》」的立場

早くも二〇〇九年の時点で、国務院発展研究センターの担当官である余斌《よひん》（現任は発展研究センター弁公庁主任、マクロ経済研究部部長）は次のような事実を公表していた。不動産業はGDPの六・六%、投資の四分の一を占めており、直接に関連する産業は六〇種に及び、すでに中国経済の命綱と化している［＊25］。一五年には不動産業の対GDP比は一四・一八%にまで高まり、中国経済における不動産業の重要性はいよいよ増すばかりである。中国では不動産より投資額が大きいのは製造業だけであり、不動産業が投資総額に占める比率は一般に一八%から一九%であるのに対し、製造業は三五%前後である［＊26］。

しかし、製造業には第二次産業の固定資産投資のすべてが含まれることを考慮すれば、第三次産業の一業種にすぎない不動産業の全体の投資に占める割合は、第二次産業の各業種と比べてみても異常な高水準にある。経済成長に及ぼす不動産業の牽引作用は二四・一％に達し、関連産業への促進効果は他業種の約二倍である［＊27］。こうした不動産市場が大変動に見舞われると、不動産に依存する数十の業種は測り知れないほどの打撃を受け、深刻な出血に襲われた中国の実体経済は崩壊してしまうだろう。それは大量の失業だけでなく、中国人の資産の大幅な目減りを招くことになる。「中国家庭財富調査報告」のデータによれば、全国の世帯の資産のうち、不動産が占める割合は都市部では六七・六二％、農村部では五七・六〇％で、平均では六五・六一％である［＊28］。経済不況のなか、失業が深刻化し、さらに資産が減少するとなると、それが誘発する社会的動揺は凄まじい規模になるだろう。中国政府は安定維持のためにこれ以上の重荷を担うことを望んではいない。

製造業を主体とする実体経済が混迷を深める現在、不動産まで崩壊してしまったら中国政府に打つ手はあるのだろうか。それゆえ、中央銀行が胴元となり、通貨を増発し、地方政府と不動産デベロッパーと住宅購入者にサイコロとチップを与え、彼らにギャンブルをさせなければならないのである。このルーレットを止めると、地方政府の債務危機がたちまち出現し、それにともなって金融危機が発生するのである。

②不動産に依存する地方財政――「土地財政」の問題

土地財政とは地方政府が「土地経営」を通して収入を得ることを指し、三つの部分からなる。土地所有権の譲渡を条件とする土地譲渡収入、土地譲渡に関連する各種の税収、土地担保を融資手段にして得られる債務収入の三種である。第一の土地譲渡金だけを例にとっても、一九九九年から二〇一五年までの一七年間で、全国の土地譲渡収入の総額は約二七兆二九〇〇億元に達している。年平均では一兆六〇〇〇億元である。一五年の土地財政収入はなんと三兆三六五七億元に達している[＊29]。

中国の地方政府は例外なく土地で財政収入を賄ってきた。そのため、いかにも中国的特色に満ちた「土地財政依存度」というタームが生まれた。それは、

土地財政依存度＝（土地譲渡金÷一般歳入）×一〇〇%

で表される。では、地方政府の土地財政依存度はどれくらいだろうか。二〇〇三年か

ら一五年まで、土地譲渡金が一般歳入に占める比率は年平均四九・七四％であり、一〇年には六九・四三％にまで達した。土地と不動産関連による税収が地方の一般歳入に占める比率も二八％近くにまで達している。つまり、地方政府の主たる財源は土地取引にほかならないのである［＊30］。

二〇一六年においても、不動産価格が上昇した都市では地方政府の土地財政への依存度はなお高まり続けている。地方の二線都市［＃3］である蘇州を例にとると、一六年の一月から八月までの土地財政依存度は八二・六％に達している（前年の一五年の数値は四〇・五八％であった）。中原地産研究センターのデータによれば、この八か月における蘇州の土地譲渡金は九六六・六億元であり、土地市場の過熱ぶりは収まる気配がない。このほか、広州や合肥、南京などの都市でも土地財政依存度は五〇％を超えている［＊31］。

土地財政は地方の財政の半分を支えているのが現状である。そのため、地方政府は不動産市場のビッグプレイヤーとなり、つねに土地を市場に供給し続けざるを得ないのである。

③不動産市場に流れる増発通貨

以上の要因から、中国における不動産は、巨大であるがゆえに倒せないという立ち位置を固めてきたのである。したがって、中央銀行が新たに増発する通貨は、主に不動産市場に流れている。二〇一五年の一一兆元の新規貸付は主に三つの方向に流れている。個人の住宅ローン、インフラ設備、不動産業である［＊32］。一六年七月の新規人民元貸付は四六三六億元であり、そのうち代表的な個人向け住宅ローンである中長期ローンの増加は四七七三億元に達し、信用貸付総額に占める比率はすでに一〇〇％を超えている［＊33］。八月の新規貸付は九四八七億元であり、依然としてそれは不動産へ流れている［＊34］。

不動産価格の高騰は、不動産以外の資産価値の下落を意味し、社会の富は不動産を通して再分配される。中国人は貨幣価値の下落を懸念しており、唯一泡と消えない資産こそ不動産であると考えているのだ。そこで、「不動産担保融資」を通して銀行から融資を受け、二件目の不動産を購入する者が続出し、北京・上海・深圳など一線都市をはじめ、蘇州・南京などの地方中核都市でも不動産価格は上がり続けている。「不動産担保融資」とは、中国で二〇一五年に始まった銀行融資の形式であり、借入側が不動産を担保にして銀行に流動資金の融資を申請する仕組みである。「第二担保貸付」とも呼ばれるこの「不動産担保融資」の銀行への申請にまつわるプロセスはいかがわしさに満ちている。例えば、不動産価値を高く見積もると、銀行からより多くの融資を受けられる。銀行の融資部門は目標ノルマを達成することが求められるので、不動産の過大評価に対しては見て見ぬふりをすることもあれば、関係者がこぞって共謀する場合さえある。したがって、これは銀行、ローン申請者、不動産評価機関がつるんだポンジ・スキームであると批判する声もあがっている。ポンジ・スキームの本質とは、高収益が得られると称する投資活動を設定し、多くの投資家を集めることにある。

近頃、中国における不動産業の発展を擁護する論評がいくつか発表された。そこでは中国の不動産は特殊であり、外国とは違うと述べられていた。つまり、崩壊することはあり得ないと言いたいのである。その議論はかなり馬鹿げているものの、中国の政治的ロジックから見れば論拠がなくはないのである。

市場経済の観点から見るなら、中国の不動産バブルの破綻は必至である。中国の不動産市場の動きは信用貸付と巨額の流動資金と債務に依存している。その結果、中国における信用貸付の対GDP比は異常な高さになった。二〇〇八年を境に、中国の社会融資総量の規模は急速に拡大し、同年の一二〇％から一五年には二〇〇％に上昇した。業界では一六年末には二五〇％を超えると予測されている。世界チャンピオンはなんでも中国とばかりに、二位集団の七か国（カナダ・フランス・ドイツ・イタリア・日本・イギリス・アメリカ）の信用貸付の対GDP比は一二〇％であり、中国よりはるかに低い水準にある［＊35］。

数えてみると、これまで世界各国で不動産バブルは一〇〇回前後出現した。近年でもかつてはGDP世界第二位を誇った日本、そして第一位のアメリカが不動産バブルの崩壊を経験している。日本のバブルはゆっくりとはじけたが、アメリカの場合はまたたく間に崩壊した。経験から言えば、どんなに盛大な宴会にも必ず終わりは訪れるという言葉の通り、中国の不動産バブルも遅かれ早かれはじける日を迎える。問題はどのようにしてそれが滅びるかだけである。

だが、中国政府の立場から見るなら、不動産バブルの崩壊がもたらす影響はまことに深刻である。最初に倒れるドミノ牌は必ず訪れるであろう地方の債務危機であり、それに続くのが金融危機である。それはなぜか。地方政府がため込んだ巨額の債務には土地を抵当にした銀行からの貸付があり、不動産業は売れ残りの住宅や建設中の物件を多数抱えており、これらを支えているのが銀行の融資であるからだ。さらに行政命令に従って国有企業に多額の融資を行ってきたため、中国の銀行業はかねてより巨額の不良債権を抱えてきた。

中国の銀行システムがどれくらいの不良債権を抱えているのか、これについては従来からさまざまな推測や議論がなされてきた。当局のデータは中国の商業銀行の不良貸付残高は一・四兆元、全体の一・七五％と称しているが、海外の同業者による推計はそれよりはるかに大きい。例えば二〇一六年二月、ヘッジファンドのヘイマン・キャピタル・マネジメントの創業者カイル・バスは、経済のハード・ランディングという状況のもと、中国の銀行システムが一〇％の資産を失うと仮定するなら、中国の銀行業の損失は三・五兆ドル（約二三兆元）に達するだろうと述べている。フランスのソシエテ・ジェネラルは一六年四月のリポートで、中国の銀行業全体の損失は八兆元に達し、この数字は商業銀行の資本の六〇％、国家財政収入の五〇％、ＧＤＰの一二％に相当すると指摘している［＊36］。だからこそ、中国政府から見て不動産バブルは政権の全力をあげて守り抜かねばならないものなのである。中央銀行が「放水」を続ける限り、不動産価格が高騰し続けることは予測の範囲内である。なぜなら、中国では投機に走る者に事欠かないからである。

一部の専門家は政府に不動産市場の過熱を鎮め、不動産価格を抑制する方策をとるよう求めている。彼らは長期的な視点と市場経済の観点からそう考えているわけだが、彼らの考察の重点は中国政府とは明らかに異なっている。当局が考えているのは政府の財布のことである。財布がパンパンの状態を維持したいなら、ポンジ・スキームに興じるしかないのである。アメリカでポンジ・スキームが破綻したのは、プレイヤーと銀行と政府（審判）の三者の利益が合致しなかったからである。中国では事情が違う。審判が中央政府、胴元が中央銀行、ビッグプレイヤーが地方政府なのである。地方政府が土地を売却するには、スモールプレイヤーたちが借金をして不動産を購入したいと願い、次から次へとゲームに参加してもらう必要がある。

中国の不動産はもはや中央銀行の通貨の貯水池と化している。信用貸付で不動産市場を支えることは、中国政府の経済安定の方策となった観がある。この方式の悪しき影響の最たるものがインフレである。だが、インフレは社会の富を薄めるプロセスでしかない。外からの軍事的脅威や制圧できない内部的反乱とは異なり、政権維持をじかに脅かすわけではない。例えばジンバブエの悪性インフレは中国の何倍ものレベルであるが、それでも政権は転覆していない。さらに中国政府は早くから市場をコントロールする手段を数多く取り揃えてきた。例えば購入規制、売却規制、価格制限等々、あの手この手を思いつくなりすぐ実行してきた。政府が胴元と審判と土地売却のビッグプレイヤーを兼ねる市場では、かつての日本やアメリカより大きなバブルを膨らませることができるし、対処の余地も大きいのである。

中国の不動産バブルの特殊性がどこにあるかは以上の分析から明らかだろう。日米英の三国は私有制を基礎とする市場経済国家であり、政府には片手で中央銀行の紙幣印刷機をコントロールする一方、もう片手で土地供給を含む不動産市場をコントロールする能力はない。中国の不動産バブルがかくも巨大でありながら依然として堅固に見えるのは、中国政府に特別優れた手腕があるからではなく、政府が国家資源のすべてをコントロールできるからなのである。地方政府は自身の必要に応じて低価格で土地を強制収用し、強制的に住居を取り壊すことができる。中央政府は紙幣印刷機を使って不動産市場の売りと買いを維持することができる。地方政府には土地を調達する資金を与え、不動産業者には開発資金を与え、住宅購入者には住宅ローンを提供するのである。極めつきはいつでも政策や売買規定を変更できる点であり、それには地方政府の債務整理も含まれている。

中国の不動産バブルはいつ崩壊するのかと私たちはよく訊ねられる。私たちの答えはこうである。――中国の不動産価格は中国の株式市場と同様、とうの前から単純な経済問題ではなく政治問題となっている。政府が支援政策を放棄せず、資産目減りを恐れる民衆の心理を利用する限り、いびつな偽りの繁栄を維持することはできるだろう。

今や不動産は中国のすべての銀行融資使用者が中央銀行とさしで勝負を繰り広げるギャンブルそのものである。不動産転がしにいそしむ者は自分が最後のバトンを受け取りたくない一心で、一か八か運を天に任せている。不動産デベロッパーが賭けているのは、自分を地方政府より先に死なせないことである。例えば有名な不動産業者である任志強〔大手不動産デベロッパー・華遠集団の会長〕は、不動産デベロッパーが先に倒れることはないと考えている。彼らは一兆三〇〇〇億元の現金を保有しており、なるべく着工しなければ一兆元で一年はもつからである。地方政府が賭けているのは、自分と中央政府が親子一体であるということにある。党中央の親父とお袋がまさか「息子」たちを先に死なせることはないだろう、そんな親不孝の極みをさせることはないだろうと考えているのだ。

3　株式市場——国有企業のＡＴＭ　通貨の放水口

一九四九年に中共政権が樹立されてから、国民党時代の株式市場は「資本主義社会のギャンブル場」とみなされ、閉鎖が命じられた。現在の中国の株式市場は一九九〇年一一月に開設され、上海証券取引所と深圳証券取引所が二大センターになっている。現在、時価総額は国別で世界第二位に位置している。だが、この株式市場はその誕生の日より正常な投資の場ではなく、中国政府の政策誘導のもと、投機を唯一の目標にするギャンブルの場である。政府の開設目的から言っても、実際の効果から言っても、中国の株式市場は政府のコントロールする富の搾取マシーンであり、とうていまともとは言えない代物である。

(1) 株式市場は国有企業のATM

株式市場は国有企業のATM(現金自動支払機)である。九〇年代に朱鎔基首相が政務を担当した時期に「株式市場は国有企業が苦境を脱するために奉仕せよ」という基調が定められた。簡単に言えば、政府は株式市場を国有企業を活性化する場とみなし、ひいては国有企業を「三年で苦境から脱却させる」目標のための道具と考え、経営不振に陥り、継続が困難な一連の国有企業を株式市場に上場させたのである。そのため、政府主導による株式制改革や株式発行による上場はかなりの期間、国有企業のいわば専売特許となり、非国有企業には上場して資金を調達するチャンスがなかなか訪れなかった。国有企業は株式市場を資本調達ルートとし、親会社は上場した子会社を「ATM」とみなした。研究者に言わせれば、中国の株式市場の市場規模は「海外で一〇〇年かかったところを一〇年で達成した」ということになる。身をもってこの時期を経験してきた陳東昇〔泰康人寿保険などを率いる有名実業家〕はこう回想している。

「朱鎔基総理は大変大きなことをされました。……当時の資本市場改革はまことに明快なものでした。……一省につき一億元という指標が設定され、五社、六社と上場したのですが、中国の今日の資本市場はどのようにして作られたのでしょうか。当初、資本市場は国有企業の資金調達と困難脱却のためのものでした。それは今日でも変わりありません。なぜ資本市場がうまく機能しないのでしょうか。やはり今日でも、総理が指示を出せばすぐに上場させる、これは事実として存在するとしか言いようがありません」〔＊37〕

以後の国有企業改革も基本的にこの路線に沿って進められた。二〇一五年六月一二日に「第一財形日報」の記者が調査記事を発表し、中国の株式市場が国有企業のATMになっている事実をあらためて詳細に暴露している。記事はこう述べている。国務院が鉄道車両メーカー二社（中国南車と中国北車）の合併〔＃4〕を推進し、巨大資本企業の成立で沸き立って以降、国有企業改革は資本市場における最大の投機的取引の対象のひとつとなった。多くの国有企業の大株主は市場における国有企業改革への投機の気運に乗って、次々と株を現金化した。その背後には地方政府の土地売却収入の伸び悩みと「資金不足」がある。収益不足に悩む大株主は大量に株式を売却し、多くの個人投資家がこれを購入したのである［＊38］。

中国の株式市場のＡＴＭ機能は、対外開放のおかげで外資も恩恵に浴したことがある。かつて中国銀行、中国建設銀行、中国工商銀行がウォール街への進出を果たすべく、ＩＰＯ（新規株式公開）による上場と資本調達を目論んだことがあった。そのためにシンガポールのテマセク・ホールディングス、スイスのＵＢＳ、バンク・オブ・アメリカ、イギリスのＲＢＳなど多数の外国銀行や李嘉誠ファンドなどを「戦略的投資家」として株主に迎え、アメリカ風味にあう「現代的金融機関」の装いをこらした。しかし、当時のアメリカ証券取引委員会の委員長クリストファー・コックスの強硬な反対に遭い、中国資本の銀行は香港と大陸での上場に変更を余儀なくされた［＊39］。これらの外資銀行は中国の銀行業者と行動をともにし、中国政府が提供するさまざまな便宜のおかげで、香港と大陸でたっぷりと稼いだ。その額は一年で一兆元とも言われる。ところが、「ロックアップ期間」[#5]の三年が過ぎたとたん、彼らは保有していた株式を一気に手放した[*40]。これに対して中国側は激怒した。外資銀行の連中は三年前、安値で国有銀行の株式を購入したくせに、それを中国の株式市場に売りに出してさっさと撤退してしまうとはなんたることか。連中には本当に甘い汁を吸わせてしまった。このうえは、国有資産の不法な安値購入の罪で告発してやると息巻く者もいた。とはいえ、いまさら怒っても後の祭り、そうした捜査は行われるはずもなかった。

中国ならではのこうした特徴は今も変わっていない。二〇一六年九月、中国証券監督管理委員会が「資本市場の作用を発揮して国の貧困対策戦略に寄与させることに関する意見」を公表した。その要点は五九二の貧困県のＩＰＯに「グリーンゲート（審査の簡略化と基準緩和の特例措置）」を開き、貧困地区の政府を速やかに上場させる。それによって資金を調達し、財政難を解決させるというものだ。さらに一〇月に発表された債務の株式化も、まずＡＭＣ（金融資産管理会社）に銀行の不良債権を引き取らせてから、国有企業の銀行債務を株式化するというものだ。最終的な目標は上場して中小の投資家をはめることにある。では、なぜ国有のＡＭＣを経る必要があるのだろうか。理由は人民元の国際化で、法律に従わなければならないことにある。中国の銀行法は「銀行は債権を株式に転化してはならない」と規定している。これにはもうひとつの要因がある。資本管理の手法に関する国際的な基準をまとめたバーゼル協定に基づけば、銀行が企業の株式を引き受ける場合、二年以内のリスクウェイトは四〇〇％であるが、二年以後は一二五〇％に上昇するということがある。一方、通常の貸付のリスクウェイトは一〇〇％にすぎない。つまり、株式を保有すると、銀行自身の格付けに影響が出かねないのである。

(2) 高級幹部のマネーロンダリング・マシーン

国有企業の重要な改革のひとつに「マネジメント・バイアウト（ＭＢＯ、経営陣による自社企業買取）」が挙げられる。この改革については、かねてより国有企業の高級幹部による職権を利用した国有資産の山分けではないかと考えられてきた。マネジメント・バイアウトの実施に対して新華網（www.xinhuanet.com）に疑問を投げかける文章が掲載されたことがある。国有企業の高級幹部は「改革」を利用し、パイをそのまま切り分けて自分に与えているのであり、利益を上げてその報酬としてパイを受け取っているのではない、つまり私腹を肥やしているのだ、と［＊41］。国有企業の高級幹部に任命されているのは「紅い家族」の親族である。例えば元首相李鵬の娘、李小琳などであり、彼らはマネジメント・バイアウトという「改革」の最大の受益者の一部である。

疑問はやはり疑問のまま終わり、国有企業の幹部たちは自社株と特別な高給という「改革の成果」を手にして、とびきりの好待遇を享受してきた。しかし、習近平の反腐敗キャンペーンによって彼らの良き日々も終わりを告げようとしている。この三年来、中国当局は国有企業に対する党の最終的指導権を繰り返し強調し、二〇一四年一一月には「国務院国有企業改革指導小組」を設置した。第一八回党大会（一二年一一月）以降の反腐敗キャンペーンで「落馬（処罰をともなう失脚、罷免、左遷）」する国有企業の高級幹部が後を絶たない。彼らはかつて「濡れ手に粟」で手にしたマネジメント・バイアウトの役得が「腐敗行為」とみなされることを恐れ、自分が保有していた国有企業の株式を株式市場で続々と売却し、現金化するようになった。一四年一〇月一七日までに中国の上場企業の高級幹部が株式を売却して現金化した額は四七四・三一億元に達した。翌一五年には前期だけでその額は五〇〇〇億元に達し、史上最大規模の自社株売却ブームが出現した[*42]。

(3) 一般投資家の財産を呑みこむスロット・マシーン

一九九二年から今日までに、中国の株式市場は十数度の大きな変動を経てきた。中国の個人投資家による株式投資の歴史を振り返ると、損をした者が多く、利益を得た者は少ない。しかし、ギャンブルで大金をつかみたいと願う者は掃いて捨てるほどおり、株式市場で手軽に金儲《かねもう》けしたいという願望が彼らの連戦連敗を支えているのだが、二度と闘いの土俵に立てなくなった者も少なくない。

以下は二〇〇八年以降の中国の個人投資家全体の成績表である。

二〇〇八年のA株市場は下げ幅七〇%以上という巨大な暴落で中国株式市場史に記憶されている。上海証券報紙が証券之星(www.stockstar.com.cn)とともにアンケート調査を実施した。このアンケートには全国合計二万五一一〇名の投資家が参加し、その結果、九割の投資家が損を出していたことが判明した。なかでも損の幅が七〇％以上の投資家が六〇％にも達し、調査時点で儲けを出していた投資家はわずか六％にすぎなかった［＊43］。一一年の同様の調査では八〇％の投資家が損を出し、儲けが出ていたのは一〇％足らずで、約一〇％が損益トントンであった［＊44］。

二〇一三年の中国の株式市場は「アジアで最も低調な市場」と評された。新浪網（www.sina.com.cn）がこれについて調査を行い、「二〇一三年中国株式市場の投資家大赤字」という記事にまとめた。それによると、一三年に株で損を出した個人投資家は約六五％で、そのうち二六・三％が二〇％から五〇％の損を出し、七・五％が八〇％以上もの損を出した。株の投資によって三一・二％の生活水準が明らかに低下し、九％が生活面での困窮に瀕した［＊45］。先に述べたように一五年の状況はさらにひどく、一年で株式市場の時価総額が二五兆元消失し、投資家一人当たりの損失は二四万元にも達した。

中国とアメリカの株式市場を比較するなら、以下のような根本的な差異が見られるだろう。

1 中国の株式市場には中長期的な投資家はおらず、投機的な投資家しか存在しない。企業の本当の経営状態に留意せず、ただその株が機関投資家や仕手筋によって意図的に引き上げられるかどうかだけに注目し、株価は企業の業務成績や財務状況とまったく無関係に、相場の操縦者によって上げ下げが決められる。アメリカのような西側国家の株式市場では、短期的な投機的投資家も中長期的な投資家もともに存在するが、企業の経営状態と収益力が株価の基礎を構成する。

2 中国政府は株式市場の操縦者であり、各種の政策や方式で株式市場の変動を調節している。アメリカ政府はあくまで株式市場の監視者という立場をとり、成熟した法規範に則って株式市場を管理しており、中国政府のような行動は決してとらない。

3 個人投資家が数多く参加していることは、中国の株式市場が多くの人々の参加する、利益をわかち合う場であることを意味しない。中国の株式市場は融資コストが低く、その参加者は投機的な利益獲得を目指すのみで、企業の収益力や利益配当を重視しない。ほとんどの個人投資家が元手を失うような株式市場は、中国をおいて世界の他では見当たらない。

以上から、私たちはこう結論づける。中国の株式市場は国有企業のATMであり、国有企業の高級幹部ら既得権益者が強奪してきた不正な資産を現金化するマネーロンダリング・マシーンである。さらにはステークホルダー（利害関係者）が政策やインサイダー情報、職務上の立場を利用してマネーをかき集める富の搾取マシーンである。こうした特徴すべては、多数者の利益を剥奪して政府と少数者に捧げる収奪型経済の特徴と完全に符合している。

中国経済のポンジ成長は、典型的な収奪型経済の特徴を体現するものである。それは経済発展においては制度が決定的な役割を果たし、ある国家の貧富を決定するという制度派経済学の有名な論断を実証するものである。アメリカの新制度派経済学者のダロン・アセモグルとジェイムズ・A・ロビンソンの共著『国家はなぜ衰退するのか』は、ある国家の繁栄と貧困の根源となる二つの重要な概念を提出している。すなわち、「包括的な制度」（inclusive institutions）と「収奪的な制度」（extractive institutions「搾取的」

とも訳せるだろう）である。「包括的な制度」とは、多数が参加して利益をともに享受し、それによって人々が労働と創造への積極性をもつ多元的な制度を指す。反対に「収奪的な制度」では権力と富が高度に集中し、少数者に独占される。国家制度全体が多数者から搾取して少数者に奉仕する基礎のもとに作られ、ほとんどの人に労働と創造への意欲が見られない。同書の豊富な事例が示しているように、世界のすべての国家・地域において、前者を選択した場合、経済の持続的発展と民衆の生活水準の持続的向上が実現しているのに対し、後者を選択した場合は逆の道をたどることになる［＊46］。

【原注】

＊１　《周其仁：中国２・５万亿美元外汇储备每一分都对应着央行负债》、《经济观察报》、２０１０年５月７日。

＊２　《日本经济界访华团要求中方改善经营环境》、日经中文网、２０１６年９月23日。〔「経済界訪中団、撤退手続きの迅速化要請　中国商務省に提言」、『日本経済新聞』電子版、２０１６年９月22日〕

＊３　《２０１２年中国新增货币供应量占全球近半》、21世纪网、２０１３年１月28日。

＊４　《外汇局：外汇储备占央行总资产超80％带来较大风险》、搜狐财经、２０１４年６月12日。

＊５　《２０１５年发行各类债券达22・３万亿元 同比增长87・５％》、中国新闻网、２０１６年１月25日。

＊６　《中央财政预算报表公布：我国政府负债率约40％》、《21世纪经济报道》、２０１６年３月31日。

＊７　《发改委：地方债上报数连实际一半都没有》、《第一财经日报》、２０１４年12月15日。

＊８　《中国债务的风险到底有多高？：财政部发改委官员在内部研讨会上是这么说的》、和讯网、２０１６年８月３日。

＊９　Richard Dobbs, Susan Lund, Jonathan Woetzel, and Mina Mutafchieva, "Debt and (not much) deleveraging", McKinsey Global Institute, Feb. 2015.

＊10　中国国家统计局《２０１４年国民经济和社会发展统计公报》、２０１５年２月26日。

＊11　Jim Edwards' "China is carrying $1 trillion in bad debt and 'unless this vicious cycle is broken, financial crisis or at least a sharp slowdown is an inevitable ultimate outcome'", Business Insider, May 1, 2016.

＊12　张涛《中国央行已做好降准的准备》、《金融时报》中文网、２０１３年１月24日。

＊13　《股灾周年祭：A股市值蒸发25万亿 人均24万》、腾讯网、２０１６年６月８日。

＊14　《全国７亿平米住宅待售 任志强称有些库存只能炸掉》、中国经济网、２０１６年１月20日。

＊15　《房地产真实库存98亿平 完全消化需10年》、《21世纪经济报道》、２０１５年12月３日。

＊16 杨仕省《去不掉的楼市库存 前８个月仅减少了４％》、华夏时报网、２０１６年10月14日。

＊17 刘志峰《中国告别住房严重短缺时代》、中国网、２００２年２月19日。

＊18 中国家庭金融调查与研究中心《中国家庭金融调查报告 精选》。

＊19 Xiao《美国人住房拥有率下降》、雾谷飞鸿、２０１４年11月24日。

＊20 赵婀娜《报告称我国顶端１％的家庭占有全国三分之一以上财产》、人民网、２０１４年７月25日。

＊21 卿滢《伦敦市长出手 欲调查房产海外买家》、财新网、２０１６年10月１日。叶毓蔚《加拿大该不该对海外买房客收税》、新浪财经、２０１６年８月１日。

＊22 《高房价拉动了ＧＤＰ、房地产行业还能繁荣多久？》网易数读、２０１６年８月16日。

＊23 维基百科《各国房价收入比列表》。

＊24 《中国城市房屋租售比前20大城市排名出炉》、《中国房地产报》、２０１６年５月21日。

＊25 《房地产业占到ＧＤＰ的６·６％ 成中国经济命脉》、网易、２００９年11月29日。

＊26 《制造业投资首次负增长、中国或已站在流动性陷阱边缘》、搜狐财经、２０１６年７月29日。

＊27 《房地产投资占ＧＤＰ比例畸高 中国房地产泡沫远超次贷危机》、前瞻网、２０１４年５月４日。

＊28 《中国家庭资产房产占６成、楼市困局如何解？》、新浪地产网、２０１６年８月12日。

＊29 《全国卖地17年收入超27万亿 资金去向鲜有公开》、搜狐财经、２０１６年２月16日。

＊30 任泽平、宋双杰《地王之谜：还得从土地财政的视角来理解》、华尔街见闻、２０１６年８月24日。

＊31 李苑《〝滚烫〟的土地财政》、《上海证券报》、２０１６年９月21日。

＊32 杨志锦《详解11万亿新增贷款：居民中长期贷款、企业短期贷款大幅增长》、《21世纪经济报道》、２０１５年12月23日。

＊33 《银行大幅〝输血〟房地产商 金融业恐积蓄风险》、汇金网、２０１６年9月7日。
＊34 《中国8月新增人民币贷款９４８７亿元、高于7月及预期》、《华尔街日报》、２０１６年9月14日。
＊35 林建海、刘菲《ＩＭＦ：中国信贷占ＧＤＰ比例高于潜在信贷占比25个百分点》、《经济参考报》、２０１６年4月27日。
＊36 刘晓翠《中国银行业坏账究竟有多高？法兴的最新测算再度引发关注》、华尔街见闻、２０１６年5月24日。
＊37 陈东升《朱镕基开启了混合所有制 把国企推上市》、新浪财经、２０１４年8月23日。
＊38 李隽《国企涌动改革潮：股东频频套现或因地方政府缺钱》、新浪财经、２０１５年6月12日。
＊39 宇竟《忧思国有银行改革》、新浪财经、２００６年3月8日。
＊40 《国有银行改制外资年赚万亿？》、新浪财经、２００７年9月。《汇丰与上海银行正式分手 外资银行纷纷撤资意在套现》、新华网、２０１３年12月11日。
＊41 丁波《高管持股难逃〝自肥〟责难》、新华网、２００６年2月16日。
＊42 《中国高管大逃亡、抛股套现逾２０００亿》、香港膠登 HKGalden、２０１４年10月20日。陈丽婷、李君行《今年高管减持套现已达５０００亿 创史上最大规模减持潮》、新浪财经、２０１５年6月28日。
＊43 《股民生存现状调查》、《上海证券报》、２００８年12月29日。
＊44 《逾八成股民亏钱 明年投资更谨慎》、新浪财经、２０１１年12月21日。
＊45 《２０１３年股民亏损比例高达65% 仅三成看好２０１４年》、新浪财经、２０１３年12月27日。
＊46 James A. Robinson, Daron Acemoğlu, “Why Nations Fail : The Origins of Power, Prosperity and Poverty”, Crown Publishing Group, 2012.〔邦訳は『国家はなぜ衰退するのか　権力・繁栄・貧困の起源』早川書房刊〕

【訳注】

＃１　ポンジ・スキームとは大きな運用益があがるという投資話で出資金をかき集め、短期で高利の配当金を約束しつつ、実際はまったく運用せず、後からの出資金を初期の出資者の配当に回して全体が健全に運営されているように見せかけ、さらなる出資金を集めて持ち逃げする詐欺の手口である。一九一九年にアメリカの詐欺師チャールズ・ポンジが考案した手口であることからこう呼ぶ。ポンジ以来、この種の出資金詐欺（投資詐欺）はさまざまな装いをこらして一〇〇年続いている。

＃２　Ｍ２はマネーサプライ（通貨供給量）指標の一種である。Ｍ０は流通している現金通貨を指し、Ｍ１はＭ０に企業の普通預金、機関・団体・部隊の預金、農村部の預金、個人の要求払預金を足したもので、狭義のマネーサプライである。Ｍ２はＭ１に都市住民の貯蓄預金残高と企業の預金（定期・信託・その他）など、いわゆる準通貨を加えたもので、広義のマネーサプライである。現在ではＭ２に短期的な流動資金（国債・銀行引受手形・商業手形）を加えたＭ３も指標として用いられている。

＃３　中国を代表する経済力に富む大都市である北京・上海・広州・深圳を一線都市と呼ぶ。それに次ぐ地方の中核的な都市を二線都市と呼ぶ。なかでも蘇州・杭州・天津・南京・重慶・武漢・成都・西安・長沙・青島・瀋陽・大連・アモイ・寧波・無錫は新一線都市とも呼ばれ、一線都市を追う存在と位置付けられている。

＃４　二〇一五年に中国南車が中国北車を吸収合併するかたちで中国中車（ＣＲＲＣ）が設立された。資産総額は三〇〇〇億元、鉄道車両製造メーカーとしては世界最大規模であり、中国の国家戦略である高速鉄道の海外進出を担う企業でもある。

＃５　ロックアップ期間とは、ＩＰＯを迎える企業が、公開前からの株主に対し、公開後に株式市場での持株売却を禁止する一定期間を指す。

第五章

収奪型経済下の
社会紛争と治安維持

序文で述べたように、社会を支えるには四つの要素が必要である。第一は健全な生態系（エコシステム）、第二は社会の構成員の基礎的な生存条件（例えば雇用）、第三は社会を維持するに足る最低限の倫理・道徳、第四は強制力をともなう政府の権力である。本書ではこれまで中国の経済モデルが収奪型であることを明らかにしてきたが、このモデルの特徴は、国民の生存資源をつねに収奪しつつ、生態環境に過度な負担をかけることで短期間での経済成長をうながすところにある。極端に不公平な富の分配が巨大な貧富の格差を生み、生態環境と倫理・道徳の全面的な崩壊をもたらした。社会の階層構造の転換は失敗に終わり、最底辺に追いやられた膨大な人々が、各種の民衆暴動、騒乱、抗議活動を展開している。

1　経済モデルと社会紛争との関係

ここ二〇年余りの中国における紛争事件を考察すると、その類型と経済成長モデルとの間には非常に強い関連性があることが分かる。一九九〇年代の後期から中国の経済成長は四大分野に依存してきた。不動産、鉱業、株式市場、金融の四分野である。その一方、農民は農地の強制収用に抗議し、市民は強制立ち退きに抵抗し、市民を主体とする環境保護を主張する人々は抗議活動を展開しているが、それらはいずれも経済成長モデルのあり方と深いかかわりがある。中国政府による資源の過剰消費という方式が公共政策の重大な偏向を決定づけ、公共政策のあり方が経済成長モデルを作りあげ、それが社会紛争の各種の類型を生み出してきたと言えるだろう。

（1）過剰な資源消費

一九九〇年代の後期から、中国の経済成長は資源の過剰な消費に依存するようになった。そのため、経済成長が図られる場所では必ず民衆の激しい反発を買ってきた。各地の政府の資源の過剰な消費に対して、民間からの抗議活動は増加の一途をたどり、いわゆる集団性を帯びた紛争事件の数は年をおって増え続けた。その数は二〇〇五年には八万七〇〇〇件、〇六年には九万件を超え［＊1］、〇八年には一二万四〇〇〇件に達したが［＊2］、以後、当局は具体的なデータを外部に公表しなくなった。唯一の例外は清華大学の孫立平教授が推計を引用して、一〇年の集団性事件［#1］は少なくとも一八万件に達しているはずだと述べている論考である［＊3］。一二年に習近平が権力を引き継いでからは、民衆の権利擁護を目指す活動家や体制批判者への弾圧がいちだんと強まったため、各種の抗議活動を展開する余地が狭まり、その件数は大幅に減った。

二〇一六年の初めに「集団性事件と世情の年度報告」［＊4］というリポートが公表された。公表者は当局を後ろ盾に持つ「伝播大数拠（伝播はコミュニケーション、大数拠はビッグ・データの意）」であり、集団性事件の各種タイプをまとめているが、全体数のデータなどは示されていない。もうひとつ、「非新聞」が作成した「二〇一五年集団性事件統計」というリポートが存在する。このサイトでは一五年に記録された集団的なデモ、示威行動、集会などを集計し、二万八九五〇件という数字を明らかにしている［＊5］。「非新聞」［#2］は民間のボランティア盧昱宇《ろいくう》によって創設されたブログサイトで、後に彼とガールフレンドは当局によって逮捕され、拘束されている［＊6］。「伝播大数拠」の情報と「非新聞」の集計データをつきあわせてみると、集団性事件の傾向について類似性がうかがわれる。この時期に発生した集団性事件と中国の経済情勢には密接なかかわりがあり、そのひとつは経済衰退がもたらした大量の失業であり、もうひとつはシャドウ・バンキングによる大規模な詐欺犯罪関連である。

注意すべきなのは、比較的規模の大きい集団性事件は周到に組織されている特徴を持つと「伝播大数拠」がとらえている点である。情報伝達や大衆動員などでソーシャルメディアが重要な役割を果たし、インターネットによって計画、招集、段取り、総括、はては報酬の支払いまで一連の流れが形成されることが多くなっているということである。スマホで行動の段取りがアップされると、すぐにそれが実行に移される。つまり、計画と実行が同時進行しているのである。重大な集団性事件の組織作りには典型的な「インターネット・プラス」〔#3〕の特徴が出現しているというわけである。

現在までのところ、中国における社会紛争は主に経済面に限られており、政治面まで及ぶことはめったにない。時間の流れからいうと、こうした経済紛争は政府が「改革」を実施するたびに発生してきた。その原因について、私たちはこう分析してきた。いわゆる「改革」とは各種の社会公共政策を通しての国家資源と利益の再分配プロセスにほかならない。九〇年代末期以降はこの利益の再分配プロセスにあり、いずれの場合も社会の底辺層の利益（主に生存資源）の犠牲を代償にしたこと、さらには経済成長の方向性を導く公共政策と徴税体制（中央政府と地方政府とでは税源が異なる）がともに中国における社会紛争の類型を形成してきた。

（2） 社会紛争の主な類型

第一類は土地の囲い込みによるものである。都市部では住民の強制立ち退き、農村部では農地の強制収用が強行された。二〇〇七年、国家信訪局〔地方からの直訴・陳情を処理する国務院直属の機関〕は、土地の強制収用、都市建設にともなう立ち退き、環境保護、企業のリストラと倒産、不当な法の執行と運用など五大問題が現段階における直訴・陳情の重点になっていることを認めている〔＊7〕。

農地を奪われた農民、いわゆる失地農民のデータについては、以下の中国農業部の推計方法が参考になる。

減少した耕地面積÷平均耕作面積（一畝＝一三・三三アール）＝失地農民数

浙江師範大学の王景新教授が二〇〇三年に河北・山東・湖北・広西・浙江・雲南など

一一省一三四県でサンプリング調査し、全国の失地農民の数を推計した。その数はなんと一億二七〇〇万人前後である。

　都市部における強制立ち退きについても総合的なデータは明らかにされていないが、立ち退きがピークに達した二〇〇三年から〇七年について、かなり低めに見積もられたと思われる当局の推計がある。それによれば、この四年の全国の都市部の住宅の総面積は平均で九四・二五億平米であり、そのうち三%強が取り壊されたという。つまり年平均の立ち退き総面積は三億平米、四年で一二億平米である。だが、多くの学者は実際の立ち退き率は四%から五%に達したと考えている［＊8］。

　大量の都市住民が住み慣れた我が家を追われた。二〇〇五年と〇七年にはジュネーブに本部を置く国際人権団体「居住権・強制退去問題センター」が、中国は居住権侵害が最も深刻な国家のひとつであると二度にわたって宣告した。同団体は一九九七年から〇七年の一〇年間で三七〇万人の都市住民が政府の強制的な立ち退きによって住居を失ったと非難している［＊9］。この種の都市部における大規模な強制立ち退きは一一年まで継続されたが、不動産市場における住宅供給の過剰が深刻化したことと、習近平による反腐敗キャンペーンが本格化したことで、ようやく終息に向かった。

第二類は末端の村の幹部による汚職・腐敗が原因で発生する集団性事件（すなわち権利擁護運動）である。これは九〇年代中期から始まって現在でも引き続き発生しており、村の財務の不正経理、村の幹部による農地収用補償金や貧困対策補助金の横領、選挙や出資金をめぐるトラブル、公金を流用した賭博など、内容は多方面にわたる。最高検察院の公表によれば、二〇一三年から一五年七月にかけて最高検察院が特別取締りを実施したところ、全国で農業関連融資と貧困対策費の分野で摘発された者は二万八八九四名であり、これは同時期に検察機関が捜査・立件した職務上での犯罪者数の一割にあたる。なかでも、「小官（下っ端役人）の巨額腐敗（小官大貪）」と職場ぐるみの相互腐敗の現象が顕著であった［＊10］。

当局の資料によれば、村の幹部による汚職・腐敗は末端での違法事件総数の七〇％以上を占め、それが原因の農民の陳情は、農村部からの陳情総数の五〇％以上を占めているという［＊11］。湖南省などでは、農村部における集団性事件の四〇％が村の幹部の汚職・腐敗がらみである［＊12］。

ここで「小官の巨額腐敗」という言葉の意味を説明しておく必要があるだろう。習近平総書記は「トラもハエも一緒に叩く」というスローガンを度々口にして、中共の反腐敗への決意を示してきたが、この「トラとハエ」は官位の高低を指すものであり、金額の高低を言うものではない。二〇一三年から一四年にかけて、違法行為で処罰された村の役人の犯罪は公表されたものだけで一七一件、そのうち被害額が一〇〇〇万元以上の事件が一二件あり、総額は二二億元に達した。一二件中、七件は土地や立ち退き関連であり、他は立ち退き者用住居をめぐる腐敗、集団所有制企業の資金横領、国の農業補助金などの分野での腐敗であった。横領総額が一〇〇〇万元を超える村の役人は、おおむね広東、浙江、江蘇、北京など経済発展が進んだ地域から赴任していた［＊13］。メディアは、「ちっぽけネズミでも天を呑みこむ」とタイトルをつけてこの種の事件を伝えている。

第三類は環境破壊に対する権利擁護活動である。つまり深刻な環境汚染によって民衆の生存権が危機にさらされた際に発生する社会紛争である。一九八〇年代以降、中国各地ではさまざまなレベルの環境破壊が発生した。それは水、土壌、大気のすべてに及ぶ全方位的な汚染であり、いわば立体構造の汚染である。環境汚染がもたらす危害と恐怖は、二一世紀初頭から中国社会を揺るがす最大の要因になっている。一九九六年から二〇一三年にかけて、環境破壊にまつわる反対運動による事件は年平均で二九%の増加を示し、一一年には環境にかかわる重大な事件が一二〇%増えたと伝える論評もある。だが、この増加率には環境事故や環境破壊に対する権利擁護活動の具体的なデータは示されていない。以下は、他の文献から得られたデータである。〇二年における各種の環境紛争は五〇万件を超えており、〇六年にはのべ六〇万人が政府に抗議し、うち衝突にまで至ったのは八万件余りであった。〇八年から一三年までの五年間で、中国で発生した大規模な集団的騒乱は、大半が環境破壊に反対する活動とかかわりがあった［＊14］。

第四類は失業または賃金の未払いが引き起こした労働者の紛争である。二〇一五年には企業の倒産、外資系工場の閉鎖、撤退によって少なくとも一億数千万人の労働者が失業した。しかし、失業者は工場で勤務しているころと比べて組織するのが難しい。いったん職を失うと、帰郷する者もいれば、他の生計の道を求めて転出する者もおり、団結力が失われ、「ばらばらの砂」のようになってしまうからだ。おそらくそれがこの類型の集団性事件が減少傾向にあることの原因のひとつだろう。「伝播大数拠」と「非新聞」がともに指摘していることだが、労働者の集団的活動の主な内容は未払い賃金の支払い要求であり、給与アップや福利厚生の充実ではない。未払い賃金の支払い要求は、労働者が工場を離れる際の最後の組織的抗議活動であったことを物語っている。

第五類は多くのシャドウ・バンキングが扱っている理財商品の破綻によって激増した集団性事件である。「伝播大数拠」によれば、泛亜、ＭＭＭ、卓達［＃４］などの金融機関は、ハードルが低く監督監視が甘いシャドウ・バンキングの盲点をついて、さまざまな名目の理財商品を展開してきた。インターネットの各種プラットホームを利用し、「金融イノベーション」の旗印のもと、通常の預金金利よりはるかに高い利息で投資家を募り、ネットの各種サイトを詐欺、マネーロンダリング、違法な資金調達といった犯罪の温床にしてしまったのである。「非新聞」の分析によれば、賃金未払いと金融詐欺は近年における集団的紛争の原因の半分を占めているという。

二〇余年におよぶ集団性事件の類型の変遷は、中国において社会紛争が発生する原因と経済発展モデルが密接にかかわっていることを物語る。紛争の参加者の多くは深刻な被害を受けており、穏やかな抗議活動によって権益の回復を願っている。ただ、政治的な原因による紛争は、中国政府の厳しい締め付けによって表に現れることはまずない。

2　生態系の安全性——国の安全の最後の砦

この五種の類型の紛争のなかには、中国政府による経済政策の重心の変化によって消失したり、鎮静化したものも含まれている。例えば、労働者の失業や理財商品の問題は、企業の整頓が進むなかで収まる気配であるが、環境破壊に対する反対運動だけは今後とも継続されるだろう。

(1) 中国の汚染は悪化の一途

現在では中国当局も生態環境の危機が水・陸・空の立体構造をなして悪化する情勢であることを認めている。例えば三・四九億畝《ムー》（二三二七万ヘクタール）の耕地が深刻な汚染に見舞われている。これは総耕地面積の一九・四％である。水資源の問題も深刻である。そもそも中国は世界に一三ある水不足の国のひとつであるが、河川の半分近くの水域が汚染され、一〇％の河川が長期にわたる深刻な汚染にさらされている。統計によれば、目下のところ水中に確認されている汚染物質は二二二一種にのぼり、主なものは有機化学物質、炭化物、金属類である。そのうち水道水には七六五種（うち一九〇種が人体に有害で、二〇種が発ガン性、二三種が発ガン性が疑われ、一八種がガンを促進し、五六種が腫瘍への突然変異をもたらす）が含まれ、八九％が飲料用として不適格である。大気汚染がもたらす災害もまことに深刻である。「世界の疾病負担研究（GBD2010）」によれば、中国では一年間に一二〇万人が大気汚染によって早死にしているとされる。これは世界の四〇％を占める数字である［＊15］。

重金属類で汚染された耕地はすでに三億畝（二〇〇〇万ヘクタール）に達し、全耕地面積の六分の一に及ぶ。このデータは中国工程院の会員で河南農業大学の羅錫文《らしゃくぶん》教授が二〇一一年の取材に答えたなかで明らかにしたものである［＊16］。中国の汚染の深刻さはガンの多発が証明している。「2012年中国腫瘍登録年報」に発表されたデータによれば、「全国で一分に六人が悪性腫瘍と確定診断を受け、一日平均八五五〇名がガン患者になり、国民の七人から八人に一人がガンで死亡している」。専門家の分析によれば、ガンの多発は高濃度の汚染と密接な関係があるという。だが、中国人にはこの高濃度の汚染から逃れる術はないのだ。農作物と食品の汚染はすべての栽培者と食品製造者の共犯構造によって成り立っている。あらゆる場所が大気汚染と水質汚染に見舞われている。その原因たる重化学工業は国有大企業が担っている。彼らは各地に多額の投資を行い、現地のGDPの向上に大きく寄与している。それによって地元の地方政府との共犯関係が易々と形成され、利益の共謀関係が成立し、環境資源の略奪的使用を招いている。

二〇一〇年八月、甘粛省舟曲《ドゥクチュ》県で大規模な土石流災害［#5］が発生し、中国人は自国が土砂災害の多発期に入っていることを思い知らされた。中国地質調査局の副総工程師は取材に答えて、一〇年の一月から七月にかけて全国で発生した土砂災害は二万六〇〇九件で、これは前年比で一〇倍近い数であると語っている。中国地質環境監測院が明らかにした情報は、舟曲災害はこれから起きる災害の序幕にすぎないことを伝えている。全国で確認された土砂災害危険個所は二〇万か所、そのうち舟曲に類似した特大型と大型の土砂災害が発生する可能性のある危険個所は一万六〇〇〇か所である。その多くは雲南省、貴州省、四川省、重慶市、甘粛省、陝西省、湖南省、湖北省など山岳地帯を数多く抱える省である。土砂災害は過度の開発行為（森林の過剰伐採、ダムなどの水力発電開発等々）と無縁ではなく、人為的な活動の要因が五〇％以上を占めている［＊17］。

（2）中国はなぜ環境の安全性を失ったのか

中国はそもそも昔から過剰な人口による資源不足に悩まされてきた国であったのだが、それにしてもわずか三〇年余りの間に環境の安全性をとことん失い、行き場のない一億八六〇〇万人の環境難民を生んだのはなぜだろうか。その原因について、私たちは数多くの文章を公表してきたが、要するに中国の環境の安全性を破壊した根本原因は現行の政治経済制度にある。

日本の読者のみなさんは、中国政府はなぜ立法を通して自国の環境を保護しないのかと疑問に思われるだろう。日本は前世紀の六〇年代に深刻な環境汚染に見舞われたが、最終的には立法を通して環境汚染を食い止めた。現行の政治経済制度がいかに環境の安全性を破壊したのかを述べる前に、まずこの点を三つの観点にまとめて解明しておこう。

①環境立法は数多いが、運用されている法は少ない

六〇年代から七〇年代にかけて、日本経済は高度成長期を迎えるとともに、環境汚染が社会の公害問題として浮上した。この間、日本政府は「公害対策基本法」(一九六七年)、「大気汚染防止法」(六八年)、「騒音規制法」(六八年)、「水質汚濁防止法」(七〇年)、「海洋汚染防止法」(七〇年)、「悪臭防止法」(七一年)、「自然環境保全法」(七二年)など一連の環境保護法を成立させて周到な環境法規システムを形成し、環境問題を解決するための優れた法的基礎を整備した。それと同時に日本は環境管理体制を着実に強化し、特定の工場・事業所には「公害防止管理者」というエキスパートを置くことを定め、日本国民の環境保護意識も向上していった。まさにそれゆえに日本の環境汚染防止の経験は世界の称賛を浴びているのである。

八〇年代から九〇年代にかけて、日中関係はまだ良好であり、両国政府は汚染防止の経験を交流させただけでなく、多くの日本の民間人が積極的に中国の環境保護に援助の手を差しのべた。では、なぜ中国は日本の経験を学べなかったのだろうか。

言うも恥ずかしいことながら、中国は環境保護の立法の面では日本の経験をしっかりと学んだのである。その立法の多さでは、おそらく世界トップだろう。二〇〇六年の時点で、中央から地方に至るまで、各クラスの政府が成立させた環境保護関連の立法は一六〇〇を超えている。ただし、その大半が空文にすぎないのだ。中央から地方末端に至るまで、各クラスの政府には環境アセスメント（環境影響評価）や監督業務を専門におこなう環境保護部門が設置されている。だが、実際には国家環境保護総局の副局長である潘岳《はんがく》が「我が国の環境立法は数は多いが、運用されているものは少ない。多くの法律の条文はいまだ理想主義のレベルにとどまっている」と語っているのが現状である。立法の空白の他により重要で問題なのは、「政府の行為を制約する環境法に欠け、地方では正常な法執行を妨げる行為が常態化している」［＊18］点である。

②企業と政府の環境保護部門との共犯関係

政治とカネの共謀のもと、政府と企業との間には汚染の共犯構造が築かれている。具体的に言うと、この共犯構造は以下の二点によって形成されている。

まず第一に、地方の地区・市・県クラスの党と政府のトップは、自分の出世のプラスになるかどうかを考え、経済成長（GDPの増加）と環境保護を天秤にかけた場合、必ずGDPを選ぶという点である。それは中国の官僚の政治実績による人事考課システムとかかわりが深い。

シンガポール国立大学と中国の清華大学など四大学が、共同である調査リポートを発表したことがある。そのリポートは二〇〇〇年から〇九年にかけて、二八七市の九七六名の共産党委員会書記と一〇七五名の市長に関するデータを分析したものであったが、結論はこうである。――下級の政府が上級の指示を実施する際には条件がある。もし省クラスの指導者が交通インフラの投資をもっと重視せよと命じたなら、下級にあたる地区や県クラスの党と政府の幹部は交通インフラへの投資を大幅に増やすだろう。だが、省クラスの指導者が環境指標の改善に注意せよと命じても、下級の幹部たちは必ずしも同調しないだろう。彼らが態度を決定する要因はこうだ。交通インフラへの投資を増やすと、短期間で土地価格の上昇が見込め、土地譲渡を増やせば翌年のGDP成長率を高める。それは彼ら役人が昇進できるチャンスが増えることを意味する。反対に環境インフラへの投資はGDPの成長を促すものではないし、役人の出世には無益であるばかりか、マイナスになる恐れもあるという判断なのである[＊19]。

このリポートはかつて中国の官界で起こったある出来事を裏書きするものである。二〇〇五年当時、国家環境保護総局の副局長であった潘岳がグリーンGDP制度[＃6]を導入すべく、その審査システムの試行地点を選定しようとした。しかし二年後、地方政府がこぞって抵抗したため、このプランはあっけなく自然消滅してしまった。

第二に、地方の環境保護局が汚染企業に寄生する機関に成り下がっていることである。地区や県クラスの指導者がGDPの高度成長を期す以上、当然のことながら当地の環境保護局はトップの意向に沿うように動く。環境保護機関は政府から与えられた権限に基づいて、当該地の企業の環境アセスメント、環境の変化の監視観測、企業の違法行為への処罰の実施などに責任を負っている。不幸にも無数の事例が証明しているように、数多くの汚染企業は現地政府の「トップの肝いり事業」なのである。トップの意向ひとつで環境保護のための審査制度が有名無実と化すだけでなく、監督管理が機能しなくなる。地方レベルの環境保護部門はかなり前から「金を納めて監督者を養い、その監督者が金を徴収する」という悪循環に陥っている。ややアカデミックな言い方をするなら、監督管理者と被監督管理者が利益をめぐって共犯構造を形成しているわけである。

近年、中国各地では汚染物質排出費の徴収と管理については、「環境保護部門が請求書を出し、銀行が代理で徴収し、財政部門が統一管理する」という「複線運営」メカニズムを実施し、その目標は「環境保護に十分な汚染物質排出費を確保する」ことにあると公言している。だが、新華社の記者の調査によれば、地方の財政は環境保護部門が徴収した汚染物質排出費を国庫に納めた後、予算編成を経て環境保護部門にそのまま戻している。その名目は環境保護部門の「能力強化」であるが、実際にはこの費用は人員の経費に支出されている。河南省の会計監査部門がある市の六県(または行政区)の汚染物質排出費を監査したところ、県(または行政区)の環境保護局には総勢七六五名もの職員がおり、そのうち六〇六名、全体の七九・二%が「自分で徴収して、自分で支出する」職員であった。つまり、こうした職員を養っているのが、汚染企業の汚染物質排出費であるという構図なのである[*20]。

地方レベルの環境保護局と汚染企業との共犯関係は、あらゆる検査と管理監督の有効性を奪う。中央電視台（ＣＣＴＶ）がかつて「経済半時間」という番組で、四川省の岷《びん》江《こう》沿岸の数社が汚水を直接川に排出し、流域の住民一五万人がガンや健康被害の恐怖にさいなまれている事実を報道したことがある。これらの企業が堂々と汚水を排出していたのは、当地の環境保護局と共犯関係を形成していたからである。現地住民の証言によれば、市の環境保護局の検査がある時は、局内の人間から企業へ通報があり、汚染企業はすぐに操業を停止したという。村民が政府にこうした事実を通報、告発すると、企業主は威嚇、報復、暴行を加えるようになった。番組はこういった状況は全国各地で広く発生していると強調していた［＊21］。

中国の汚染は周辺国にも拡散している。この点は今世紀初めから国際メディアと環境ＮＧＯの注目を集めている。水源の汚染、水不足、大気汚染、工場排ガスなど中国でよく見られる汚染が隣国にもますます害を及ぼすようになり、中国は汚染の輸出国となったのである。例えば、二〇〇六年に吉林省で発生した石油化学工場の爆発ではベンゼン化合物など一〇〇万トンが松《しょう》花《か》江《こう》に流出し、有毒物質で汚染された水がロシアのアムール川に流入した。源流が中国にあるメコン河（中国国内では瀾滄江《らんそうこう》と呼ばれる）や中国のチベットに源を発するインダス河などアジアの主要河川は、中国国内を流れる間に汚染に見舞われている。中国の工場煤煙はなんと太平洋を渡ってアメリカ西岸にまで達し、それによってもたらされた酸性雨が韓国と日本を襲い、はるか遠方のアフリカの森林にさえその影響の痕跡が見出せるほどだ［＊22］。国際社会はこれに対して非難の声をあげ続けているが、中国の汚染輸出を弁護、否認することは中国の官僚の職責となっている感がある［＊23］。

③環境アセスメントにおける利益集団の「国家捕獲」現象

ひとつの国家の環境の安全性を守るためには三つの楯がある。法律と環境アセスメント、法律に基づいた管理監督の三つである。企業が稼働を始める前には環境アセスメントを必ず実施しなければならない。だが、中国の環境アセスメントは深刻な腐敗にまみれている。私たちはそれを環境アセスメントにおける利益集団の「国家捕獲（state capture）」現象と呼んでいる。「国家捕獲」というのは政治学で用いられる概念で、企業あるいは金融グループがロビー活動や賄賂などを通して政府や議会に影響を及ぼし、特定の利益集団に有利な法律・政策を制定して執行させ、利益集団にとって不利益となるすべての法律・政策を形骸化させることを指す。

二〇一一年夏、遼寧省大連市の福佳・大化石油化学工場近くで防波堤が決壊し、猛毒のPX（パラキシレン＝ポリエステル繊維やPET樹脂などの原料となるテレフタル酸の原料）などの化学製品が漏出する事故が発生した［#7］。メディアがこの事件を追跡調査し、国家環境保護部のサイトの「二〇一〇年一一月受理分の建設項目の環境保護検査観測と調査結果の公示に関する通告」において、この福佳・大化のPXプラントが試験操業の認可が下りる一〇か月前、環境保護検査の結果が国から公示される一七か月前から操業されていたことが判明した。環境アセスメントに際しても、当地の住民に情報が開示されることはなく、操業が始まってから初めて身近にPX製造工場ができたことを知ったのである。決壊事故が起きる前に、住民たちは周辺の海域で魚介類が大量に死亡していることを発見して現地政府に通報したが、なんの回答も得られなかった。決壊事故の後、メディアの調査によって次のような問題点が明らかになった。

1　この企業は現地の高額納税者であり、ＰＸプラントの生産高は年額二六〇億元、したがって二〇億元前後の納税が見込まれること。

2　環境アセスメントで腐敗行為があった。このＰＸプラントの審査は国内の石油化学業界でも最速のスピードで実施され、環境リスクへの評価がまったく不十分であった。環境アセスメントから事後の管理監督に至るまで、法律の制約をまったく受けることなく操業できた。その理由は、株式の一部を当局側が保有していたという背景が存在する［＊24］。

ＰＸプラントは高濃度の汚染が懸念されるプロジェクトであり、経済効果と安全性の配慮について、きわめて慎重な検討を重ねることが地方政府の役割である。しかし、地方政府の責任者には任期制という時間的制約もあるため、一〇〇億元近くを投資して建設するＰＸプラントは、地方政府からみて税収の増加を見込めるばかりでなく、産業チェーン全体の発展を促進することができるプロジェクトである。言いかえれば、ＧＤＰの大幅な増加が得られるだけでなく、就業問題の解決にもつながり、政治実績のアップにつながるという利点がある。そのため、地方政府は喜んでＰＸプロジェクトをバックアップし、環境保護部門にはこうした事業（他の収益が見込める汚染プロジェクトも含めて）の環境アセスメントに「青信号（ゴーサイン）」を出すように指示するのである。

中国環境保護部が明らかにしたデータによれば、二〇〇二年から〇八年六月までに、二二の省・自治区・直轄市の環境保護部門で四八七名が捜査のうえ処罰され、環境保護関連の高官数名も「環境アセスメント腐敗」が原因で「落馬」の憂き目に遭っている。二〇一五年に実施された国家環境保護部の検査では、六三の環境アセスメント機関と二一名の環境アセスメント担当者に問題が発見された［＊25］。

汚染企業の興隆には中央の経済政策もかかわっている。今世紀の初頭から、中央政府は資源消耗型企業を強力にサポートしてこれを税源とし、重化学関連の企業が多数操業するようになった。二〇〇五年以降の納税ランキング・トップ五〇〇を検討してみると、中央省庁所属の重化学工業企業が高額納税者の主体であることが分かる。トップ五〇〇における重化学工業の突出した地位は、それが中国の経済発展モデルの「肋軟骨（弱点）」であることをはっきりと示している。莫大なエネルギーを消耗し、深刻な汚染を排出し、今日の「繁栄」のために中国の未来の生存基盤を差し出しているのである。中央の政策的支援と地方政府の積極的な推進のもと、環境アセスメントには巨大な利益のチェーンが形成されている。事業主、環境アセスメント機関、地方政府の関係部門、これらがチェーンに取りつき、利益をめぐってそれぞれが絡みあい、必然的に利益集団の「国家捕獲」現象が生み出されているのである。

ある国家の環境の安全性は最終的には政治の安全性にほかならない。世界的に有名な環境問題の専門家ノーマン・マイヤーズは『最終の安全——政治的安定の環境的基盤』という著作のなかで、繰り返しひとつの観点を強調している。国家の安全保障はもはや軍事力や武器という面だけでなく、水資源や耕作地、森林、遺伝資源［#8］、気候といった環境的要素がますます重要性を増している。生態系が持続的に破壊されると、政治・経済の最終的安全性が失われるのである。なぜなら、環境の劣化は生存環境の悪化と生存空間の縮小をもたらし、不可避的に国家の経済基盤の衰退を招き、政治構造を不安定化させるからである。その結果、国内では混乱や内乱が生じ、対外的には他国との緊張や衝突が生じる（中国と東南アジア諸国との摩擦は一部、水資源がらみである）［＊26］。

3　社会の階層構造の転換の失敗

社会の転換には政治的転換、経済的転換、社会の階層構造の転換など多方面での転換が必須である。例えば日本は明治維新と第二次大戦後の民主化という二度の転換を経たが、それはこの三方面での転換も意味している。私たちは日本の「坂の上の雲」〈NHK制作〉というTVドラマを見た。そこに描かれていたのは下級武士出身の子弟が明治維新後に刻苦勉励して上昇してゆく物語である。その奮闘する姿は、彼らが社会の底辺から上層に向けて移動するプロセスであり、「社会の階層構造の転換」と呼ばれるべきものである。それは社会転換のなかで最も重要な部分である。ひとつの社会の階層構造に変化が生じると、消費構造（それにともなう生産構造）と文化形態、価値観念などに飛躍的な変化が訪れるからである。

(1) 中国の中産階級の人数はいったいどれくらいなのか

中国の現時点における最大の失敗は、社会の階層構造の転換に失敗していることである。つまり、底辺層主体から中産階層主体への階層構造の転換を果たせていないのである。グローバル化の最大の受益国である中国がこの転換を達成していないのは、自国の政治に原因が求められる。というのも、グローバル化の最大のプラス効果は、恩恵を受ける発展途上国に富裕階層と中産階層を生み出すところにあるからだ。

一九八〇年代に改革・開放政策が始まった当初、鄧小平は全国民に小康（ややゆとりのある暮らし）へ生活水準を引き上げることを約束した。その時から二〇一〇年に至るまで、中国政府が構造転換の設定目標としたのは中産階級を主体とする胴が長いビンロウ型の社会であった。また、それに付随する国家プロジェクトも少なくなかった。なかでも中国社会科学院の「現代中国社会構造の変遷の研究」というプロジェクトチームが発表した結論は最も信頼のおけるものであった。それによると、中国の中産階層の規模は総人口の二三％前後であり、さらに毎年一％ずつ規模を拡大している［＊27］。イギリスのエコノミスト誌はこの結論とその他の資料から次のように推計した。中国の中産階級（世帯年収が一・一五万〜四・三万ドル）の人数は一九九〇年代のほぼゼロから二〇一〇年には二・二五億人に増加した［＊28］。

しかし、この状況は二〇一一年を境に大きな変化が生じた。外資が次々と中国から撤退するのにともない、中産階級の人数が急減したのである。一二年末から一七年初めにかけて、エイボン、モトローラ、ＩＢＭ、匯豊人寿保険、ヒューレット・パッカード、シーメンスなど各業種のトップ企業が大幅に人員を削減し、イーベイ（ｅＢａｙ）、マーベル、パナソニック、ダイキン、シャープ、ＴＤＫなどはさらに一歩踏み込んで生産拠点の本国復帰を計画している。世界的な包装・製紙業の大手であるフィンランドのストラ・エンソ社傘下の蘇州紫興紙業はあいついで工場を閉鎖し、ハードディスクドライブ製造大手のシーゲイト・テクノロジーは一七年一月に突然、蘇州の工場の閉鎖を発表し、オラクルも北京の研究開発部門の人員二〇〇余名を削減した［＊29］。外資は中国大陸に廃墟となった工場と大量の失業者を遺していった。外資での就業機会を失ったことを「砕け散った金の飯碗」と呼ぶ。仕事を失った人々はみなかつては外資に勤めるホワイト・カラーのエリートたちだった。

アメリカのゴールドマン・サックス社が二〇一五年九月にリポートを発表し、中国国家統計局、ゴールドマン・サックスのグローバル投資調査部、アメリカ労働統計局、アメリカ国防総省などの機関の調査データを援用しつつ、こう指摘している。中国の現在の消費市場はほんのひと握りの中産階級によって主導されており、就業人口のわずか二%しか課税対象となる所得水準（月収三五〇〇元から個人所得税が課税される）に達していない。現在のところ、人口のおよそ一一%（一・五三億人）が中産階級と定義され得るが、彼らを除く大多数の所得は、生活の必要を満たすだけのレベルでしかない。頂点にいる「ハイエンド消費者」は一四〇万人しかおらず、平均年収は五〇万ドルである。これらの人々がパリ・ニューヨーク・東京・ロンドンのショップで先を争って爆買いする中国人の主体である。ピラミッドの最底辺にいるのが、三・八七億人の農村就業人口、つまり農民であり、中国の労働人口のほぼ半分を占めている。彼らの平均年収は二〇〇〇ドルである。ピラミッドの中間に位置するのが「都市部のホワイトカラー」と「都市部のブルーカラー」である。彼らの総数は農村就業人口と基本的に一致する。「都市部のホワイトカラー」の平均年収は一万二〇〇〇ドルに近く、「都市部のブルーカラー」の平均年収はおよそ五九〇〇ドルである。

リポートはさらに分析を進めている。消費モデルからみて、「食」と「衣」が中国における個人消費支出のほぼ半分を占めている。中国の主流をなす消費グループの購買力は高くない。彼らの一日当たりの平均消費額は七ドルである。これと対照的なのがアメリカ人で、彼らの平均消費額は九七ドルである。中国の消費者が収入の半分近くを「食」と「衣」に費やすのに対し、アメリカ人はこれにわずか一五％しか費やさない。三・八七億の農民の消費は主に衣食住と交通など、生活の最低限の基本要素を満たしているだけである[＊30]。

外資の撤退にともなって倒産する企業が増え、中国の中産階級は減少し、貧乏人が増えている。二〇一六年の中国の貧困基準は純年収一人当たり二三〇〇元以下で、七〇〇〇万人を数える。世界銀行が一五年に定めた一日当たりの消費が一・九ドルという貧困ラインに照らせば、中国の推計貧困人口は世界第三位である。こうした膨大な貧困階層を生むと同時に、中国は世界で富豪が最も多い国にもなっている。二〇一五年、中国のビリオネア（個人資産一〇億ドル以上）は五六八名を数え、アメリカの五三五名を抜いて世界最多となり、世界の大富豪二一八八名の四分の一強を占めるに至った[＊31]。

極端な貧富の格差、あまりに少ない中産階層、社会底辺の膨大な貧困階層、これらは中国社会における階層構造の転換の失敗を物語っている。強圧的な政治、汚職・腐敗と姻戚関係によるコネの横行、深刻な環境汚染、これらによって中国人はいよいよ「中国で暮らすことは冒険そのものだ」という想いを深くしている。中国の未来に自信が持てない富裕層と条件に恵まれた中産階層の人々は、なんとかして移住したいと色々策を練っている。富裕なビジネスマンは投資をテコに永住ビザを取得するエリート型、中産階層は技術移民や雇用主指名永住ビザ〔#9〕、親族ビザなどを活用して続々と海外へ移住している〔*32〕。

一国の盛衰は人材にかかっている。中上層の人々が次々と移住する事態は、中国にとって大きな損失である。

(2) 構造改善のチャンスを逃す

グローバル化をめぐる情勢の逆転によって、中国は社会構造の改善のタイミングを逸してしまった。

世界銀行の元リードエコノミストであるブランコ・ミラノヴィッチは、グローバル化をめぐる情勢の逆転を最も早く予見していた専門家である。彼はこう述べている。「グローバリゼーションの最大の勝者は一貫してアジアの貧しい人々と中産階層であり、最大のマイナス効果は先進国の中産階級を衰退させたことである」。グローバル化が進むなか、中国とインドの両国が急速な発展を遂げて世界の不平等のレベルを大いに縮小させる一方、西側先進国では貧富の分化が拡大し続けた。一九八八年から二〇一一年まで、先進国の中下層の世帯収入にはほとんど変化がなく、成長はきわめて緩慢であった。このことからミラノヴィッチは次のような結論を導いた。グローバル化の進展は世界全体の所得の上昇をもたらし、グローバルな規模での所得格差は大いに縮小したが、先進国内部での不平等を激化させた。これによって引き起こされる不満感情のもと、グローバル化はより不平等な世界を作り上げていると認識されるかもしれない［*33］。

ミラノヴィッチと彼の協力者の研究は、まさに欧米の現実によって実証されている。欧米の民衆は所得の持続的な下降、生活レベルの低下、自国のエリート層への反感を抱いていた。そのため、二〇一六年は「ブラックスワン（想定外の強いインパクトがある事態）」がしばしば生じる一年となった。イギリスのEU脱退、アメリカのドナルド・

トランプの大統領当選はグローバル化をめぐる情勢の逆転を象徴する二大事件である。世界経済フォーラムは二〇一七年一月に予定通りスイスのダボスで開催されたが、会場全体には失意の感情が満ちあふれていた。時事漫画家のパトリック・シャパットはニューヨーク・タイムズ国際版に、今回の会議のテーマは「反エリートの世界でどうやって繁栄するか」だという風刺漫画を掲載している。

第三章、第四章で分析したように、中国経済はすでにL字型の低迷段階に不可逆的に入り、社会全体の所得も低下している。もちろん中産階級を主体とする社会構造の転換の機会はもはや失われてしまった。さらに重要なのは、今世紀に入ってから就職の道が徐々に険しくなり、社会的上昇を得られるルートがいちだんと狭まっていることだ。少しでも良い仕事にありつくには「親の七光り」、つまり父母親族縁者のコネに頼るしかない。こういった状況は社会の硬直化という悪しき結果をもたらす。まず一面では、エリートを選抜する際に「血統の原則」が重視され、「業績の原則」は二の次になってエリートそのものの質が次第に低下してゆく。これは社会の進歩にとって有害である。別の一面では、社会の不公平に拍車がかかることになる。「血統の原則」が育む機会の不平等は、身分の継承に体現される。機会の不平等は何より根本的な社会的不公平であり、富の分配の不公平よりもなおいっそう劣悪かつ重大な結果をもたらす。

4　財政圧力にさらされる治安維持

中国政府の「安定維持」にかかわる内容は深化を重ねている。習近平が総書記に就任して以降、その統治期は国家の安全維持と概括できるだろう。その規範的な表現は二〇一四年四月に習近平が打ち出した新しいタイプの国家安全観なるものである。そこには一一種の安全が含まれる。政治の安全、国土の安全、軍事の安全、経済の安全、文化の安全、社会の安全、科学技術の安全、情報の安全、環境の安全、資源の安全、核の安全が一体化された国家安全保障システムである。安全は一一種あるが、その核心は政治の安全にある。そして、政治の安全とは、中国共産党の言説システムのなかでは共産党による政権掌握の安全を意味している。その他の各種の安全はどれも政権の安全のために奉仕するものである。今世紀の初頭から構築され、しだいに拡充されてきた安定維持モデルは、政権の安全に奉仕するものにほかならない［＊34］。

①密告者と情報提供者で構成された巨大な治安維持ネットワーク

中共の安定維持モデルの形成と定型化にはかれこれ十数年の歳月が費やされている。社会紛争（当局が言う「集団性事件」）が日々増加してきたため、二〇〇〇年五月一一日に中央安定維持工作指導小組弁公室が設置された。その後、中央政府から省・市・県クラス、さらには末端行政単位の郷や街道弁事処、あるいは国有大企業の内部にすべて「安定維持弁公室」が設置された。それ以降、中国の各クラスの政府には新たな特別業務が加わった。すなわち「安定の維持」である。各政府の支出にも特別業務の支出がひとつ増えた。すなわち「公共安全支出（「安定維持費」とも呼ぶ）」である。

二〇〇九年になると、地方政府の業務の重点に微妙な変化が生じるようになり、「発展が第一の要務である」から「発展が第一の要務であり、安定維持が第一の責任である」へと変化した。官僚の政治実績を審査する際にも、「安定維持」はGDPより重要な考査指標となった。

「安定維持弁公室」の主要な業務は社会の動静把握と各種の「問題」を萌芽のうちに摘みとることにある。安定維持システムには世論の監視、秘密情報を収集する情報員の密告制度と反対者グループに情報提供者を送りこむ業務の統轄があり、さらには「六つのネットワーク」（229頁参照）を特色とする監視ネットワークを社会の通常の監視モデルと位置づけようとしている。

中共の世論監視システムは、インターネット以前の時代よりはるかに複雑で精密になり、紙媒体やテレビ・ラジオの統制のほか、その重点はインターネット監視に置かれている。インターネットのテクノロジーは日々進化しているが、中共の監視テクノロジーも日々レベルアップしている。なかでもよく知られているのがネット評論員と世論監視要員の存在である。

中国のネットユーザーの考証によれば、ネット評論員の制度が始まったのは二〇〇六年で、南京大学で創設されたという。同校では学校側が小百合ＢＢＳ［#10］を閉鎖して南京大学ＢＢＳを起ち上げてから、学生会と一部の「先進的な」人士にネット評論員を担当するように命じ、「学内の勤労補助制度に組み入れ、毎月の査定によってしかるべき補助金を支給する」体制を構築した。彼らネット評論員の主な職責は「学内のインターネット掲示板に書き込むことでプラス情報を流布させ、他の書き込みにコメントしてマイナス情報をかき消して世論を誘導するとともに、重要な情報を速やかに学校のインターネット管理工作指導小組弁公室に通報する」ことである［＊35］。その後、各学校が次々とこれにならい、先を争ってネット評論員を置くようになった。さらに江蘇《こうそ》省宿遷《しゅくせん》市、浙江《せっこう》省台州市、安徽《あんき》省合肥《ごうひ》市などもネット評論員を雇い始めた。彼らは一般のネットユーザーになりすまし、世論を「正しい方向に」誘導し、「党と政府の方針・政策」を普及させている。

ネット評論員の一回の書き込みの報酬は〇・五元（つまり五毛）であるため、世間では彼らを「五毛」あるいは「五毛党」と呼んでいる。いったい「五毛党」はどれくらいいるのだろうか。正確な数字は誰も把握していないが、数百万人から一〇〇〇万人と推定される。二〇一六年にハーバード大学の三人の研究者がネット評論員に関する研究リポートを公表した。それによれば、「五毛党」と呼ばれるネット評論員が書き込んだコメントは年間で四・八八億件に達した。これは一七八のコメントのうち、一件がネット評論員によるものという計算になる。「五毛党」によるコメントはおよそ五二・七％が政府系サイトにアップされ、残りは一般の商用サイト、例えば微博《ウェイボー》〔新浪が運営する中国語圏最大のミニブログサイト。中国語版ツイッターと呼ばれ、ユーザーは三億人に迫る〕などのＳＮＳに投稿されている［＊36］。

五毛党よりやや高級なのがネット世論アナリストである。当局の資料によると、ネット世論アナリストという職業が誕生したのは二〇〇八年のことで（これは同年の北京オリンピック・パラリンピックの準備作業として編成された「六つのネットワーク」プロジェクトが関係している）、業務先は政府機関、企業事業単位、工会〔官製の労働組合〕、婦女連合会〔官製の女性組織〕などの社会組織、団体である。彼らの業務はネットユーザーの観点や態度を収集し、報告を整理して政策決定者に伝達することで、その数はなんと二〇〇万人に達している。ネット世論アナリストの待遇は恵まれており、四つにクラス別され、最低月収は六〇〇〇元から八〇〇〇元で、平均月収は少なくとも一万元には達している。つまり、全国で年間に二四〇〇億元前後がこの業種に支払われているのである。これには彼らが使用するソフト料金や設備代は含まれていないが、この費用もなかなか馬鹿にならないようだ。「通常の世論監視ソフトの使用料は、年額五万元から数百万元とさまざまである」〔＊37〕という。

二〇〇万人が就業できる業種というのは決して小さな規模ではない。例えば、中国では皮革業、eコマース、アニメ産業などが就業者二〇〇万の業種である。この職業が他の業種と違うのは、世論監視業はなんら価値を創造せず、ただ政府のために監視サービスを提供するだけであり、納税者が納めた税金を費やして納税者を監視する産業であるという点だ。

監視産業がこれほどまで大規模に発展したのは、習近平の業務経歴ともかかわりがあるだろう。習近平が中共のリーダーの「後継者」として国家副主席、中共政治局常務委員に昇進した後、彼にはひとつの大役が任された。それは二〇〇八年の北京オリンピック・パラリンピックの準備業務指導小組の組長であり、副組長には当時公安部長であった孟建柱《もうけんちゅう》が就任した。オリンピックが終わった後、孟建柱は中共中央の機関誌『求是』に長文を発表し、政府部門の「集団性事件」に対する処理能力をいかに強化するかを熱心に論じ、なかでも「六つのネットワーク」の構築強化を強く訴えた。この「六つのネットワーク」とは、街頭での抑止対策、地域コミュニティーでの抑止対策、職場内部での監視、ビデオ監視、地域警務協力体制、「バーチャル・コミュニティー」（インターネット）の監視を指す。中国当局はこの「六つのネットワーク」を通して、すべての抵抗を抑止する厳重な包囲網を作り、「流動的な社会の動きに対して全方位的、全天候的でまったく隙のない立体的なネットワークで覆い尽くす」ことを実現しようとしている。ただし、これは通常の監視体制にすぎず、「六四（天安門事件記念日）」や「両会（毎年三月に開催される全国人民代表大会（全人代）と政治協商会議）」など特別に警戒を要する日どりには、当局は「オリンピック保安モデル」を発動し、警官を私服に変装させ、巡察警官や警備要員をすべて街頭に配置するほか、「ボランティア」を動員する。例えば、居民委員会の治安維持積極分子や会社の前にたむろする修繕屋などの「社会的力量」を駆使し、「人民戦争」のスタイルで反対する可能性のあるすべての勢力を消滅させようとしている［＊38］。

五毛党やネット世論アナリストのほか、中共の安定維持システムは膨大な情報提供者ネットワークを抱えている。例えば、大学、中学、企業事業単位、郷村組織にはいずれも「情報員」（つまり密告者）制度が置かれている。全国数千の高等教育機関を例にとると、情報員募集の公告は大学の公式ウェブサイトのあちらこちらに掲載され、業務内容さえ明記されている。情報提供者の数も非常に多い。例えば、西安理工大学の在校生は二万六〇〇〇名強であるが、二六二七名が安全情報員に応募し、教師・学生の業務員のうち六六五名は「特別情報員」に昇格している。およそ一〇人の学生がいれば一人は情報提供者という計算になる［＊39］。

内モンゴルの開魯《かいろ》県県長助理で公安局党書記兼局長の劉興臣《りゅうこうしん》は新華社の取材に答えてこう語っている。同県では「三つの一」プロジェクトを通して巨大な情報提供者ネットワークを形成し、どんな異議や抵抗に対しても「きわめて敏感」に対応できる。公安局に所属する民警および警務協力要員は職種やポストの区別なく、全員が地域コミュニティーや村落居留地、職場、不特定多数が出入りする公共スペースなどに二〇名の情報員を置いている。これが合計で一万人。この基礎の上に、刑事犯罪捜査、経済犯罪捜査、国内安全保衛、ネット監視、治安隊、派出所など現場の一線部隊でも各自が五名の情報提供者を持ち、これが一〇〇〇人いる。さらに刑事犯罪捜査、経済犯罪捜査、国内安全保衛の各部門事務担当官が少なくとも四人の情報提供者を確保している。これが合計一〇〇人。劉興臣によれば、開魯県公安局が掌握している情報提供者は一万二〇九三名にも達している。同県は人口が四〇万人である。ここから人口の四分の一を占める一八歳以下の未成年を差し引くと、成人の二五人に一人が情報提供者として誰かを見つめている勘定になる［＊40］。

これを踏まえて、イギリスのデイリー・テレグラフ紙が「大量のスパイを抱える中国政府」という記事を掲載した。「専門家によれば、北京や上海といった大都市、あるいはチベットやウイグルといった不安定な地域では、スパイの数はもっと多くなる。開魯県のスパイの数から推計すると、中国全土には少なくとも三九〇〇万人の情報提供者が存在する。これは全人口の三%に相当する」。「その他の都市では奨励金制度が確立されている。深圳ではひと月で一万八七三〇ポンド（約二〇万元）が情報提供者からの犯罪通報二〇〇〇件余りの報奨金として支払われた。つまり一件の情報は一〇〇元である」［＊41］

②国防費を超える「安定維持」費の支出

民衆の抵抗活動の増加と治安維持機関の正規化にともない、その経費も急増している。中国はかなり前から世界で最も公共の安全に多額の支出をしている国のひとつになっている。

中国政府にかかる「安定維持」圧力の凄まじい大きさを説明するために、研究者たちはよく安定維持費と国防費を対比させることが多い。二〇〇九年の安定維持費は五一四〇億元で国防費の六〇一一億元に迫り、一一年の六二四四・二一億元は六〇一一億元の国防費を上回り、一二年には七〇七七・九一億元と六七〇二・七四億元、一三年には七六九〇・八〇億元と七二〇二億元であった。このように安定維持費が国防費を上回る状況は一五年にようやく終わりを告げた。同年の国防費は九一一四億元、安定維持費は八八九九億元で、これは〇九年以来の出来事であった［＊42］。

先に述べたように、中国の社会紛争は主に各クラスの政府の資源の過剰な消費に起因するものであるため、安定維持と経済成長はひとつの悪循環をかたち作っている。地方の役人はGDPを政治実績とする必要に迫られ、各種プロジェクトを起ち上げざるを得ない。何より簡単に儲かるプロジェクトと言えば不動産と汚染工業のほかにはない。だが、不動産開発には土地の収用と強制立ち退きがつきものであり、工業による汚染は必ず住民の反対運動を招く。つまり、経済が発展すればするほど、官と民のトラブルは激化し、安定維持の任務はますます多くなり、その支出も増え続ける一方になる。市・県クラスの地方政府は例外なく安定維持にかかわる経費が逼迫していると感じている。

二〇一一年一一月、広東省汕尾《さんび》市の烏坎《うかん》村では村民が政府による強制的な土地収用に反対する闘争を数か月続けていた。汕尾市政府は同村の「安定維持」のためにかなりの費用を費やしていた。市党書記の鄭雁雄《ていがんゆう》は内部の講話で「苦しい胸のうち」をこう語っている。「武装警察に来てもらうのに金がかからんと思っているのか。何百人もの武装警察や警官を駐屯させるために、我々の邱《きゅう》市長の財布は日に日にぺっちゃんこになっているんだ」［＊43］

当局の公表しているデータがはっきりと示しているように、「安定維持」経費の支出は中央と地方でだいたい三対七の比率が保たれている。経済の立ち遅れた地域では、「安定維持」にかかわる経済圧力は経済先進地域よりはるかに重く、多くの省が「安定維持」

のために赤字運営に陥っている［＊44］。

中国経済が不動産に依存して高度成長していた時期には、地方の財政は比較的良好であり、安定維持費もなんとか負担できていた。しかし、二〇〇九年を境に地方の財政収入は減り、この地方政府の財政難を解決するため、中央政府は全国三一の省・直轄市・自治区の地方政府に代わって三年満期の債券を数千億元発行して地方財政の運営を維持した。一二年の三月から八月にかけて、合計二一〇〇億元余りの債券の満期を迎えたが、地方政府は償還するすべもなく、ただ新しい債券で古い債券を償却するというトリックを演じるしかなかった［＊45］。

③地方政府の二重の役割

私たちは地方政府を「社会的騒乱の製造者」であると形容したいと思う。それは以下の事実に基づいている。地方政府は土地の強制収用と立ち退きにかかわる利害関係者であり、政府は土地を強制収用してからそれを売却し、その利ザヤを地方の財政収入としている。二〇一〇年、全国の土地譲渡金が地方財政収入に占める割合は七六・六％にも達し［＊46］、腐敗官僚のうち土地関連は八〇％に及んでいる［＊47］。この二つの数字は次のような事実を明らかにしている。土地譲渡金がなければ、地方政府の財政はたちまち破綻すること。土地による金儲けがなければ、腐敗役人の実入りは大幅に減ることである。地方政府が汚染企業を保護するのも、共犯関係を作る背後に利益による駆動があってのことで、これは先に述べた通りである。

つまり、こうした土地の強制収用や汚染がもたらす紛争や抗議活動も、事の張本人は地方政府なのである。だが、地方政府は当地の行政権と司法権を握り、いつでも暴力装置で民衆を武力制圧することができる。大量の事例が証明しているように、被害者が訴訟を通して正義を訴えようにも、当地の裁判所が訴えを受理しないか、あるいはいくら精魂を傾け費用をかけても、結局は敗訴で終わるのがおちである。民衆がやむなく抵抗に起ち上がれば、ほとんどの場合、地方当局が警察を出動させて暴力で鎮圧し、リーダーを各種の犯罪容疑で逮捕して監獄送りにすることで終結する。

これまで述べてきた事実を論理的に整理すると、事態はいたって簡単明瞭である。すなわち、恐るべきことに、中国の各クラスの地方政府自身こそ各種の社会矛盾の製造者であり、公共の安全に対する最大の脅威にほかならないのである。

中国ではすでに「安定維持」は一大産業チェーンと化している。チェーンの上端には地方政府の収奪がある。彼らは土地の強制収用、住民の強制立ち退き、汚染による税収の確保で財政収入を得ている。中ほどには陳情の暴力的阻止、民衆への弾圧、世論のコントロール、プロパガンダと密告がある。末端には司法と精神病院と監獄がある。注意すべきは中国が旧ソ連にならって思想犯罪を精神疾患とみなし、公然と「価値観念の混乱または解体がもたらす普遍的な不安感、社会の深刻な分化がもたらす心理バランスの喪失、期待と現実の落差の昂進など」を精神疾患ととらえていることだ[＊48]。この新興の安定維持産業のチェーンは、各クラスの政府の役人とその親族に巨大な利益分配の機会を提供している。上は中央の各省庁・委員会から、中は地方政府、下は貧困にあえぐ辺鄙《へんぴ》な田舎に至るまで、この利益のチェーンに取りつかない者はいないのである。

二〇一六年三月、中国政府は武装警察の制度改革を実施することを公表し、武装警察のすべての有償出動を三年で停止するとした。これにより地方政府はこれまでのように武装警察を意のままに使用する権利が行使できず、地元の警察しか運用できなくなった。

集団性を帯びた事件の規模が大きくなり、地方の警察力では対応できなくなった時だけ、中央に報告を上げて武装警察の出動を依頼するというやり方になったのである［＊49］。この改革の長所は、今後、地方は地元の状況について中央に虚偽の報告ができなくなる点である。それと同時に、中国政府は中央と地方の財政関係の改革も進め、権限と支出責任が適切に対応する制度を確立し、国防と外交、国家安全保障、全国の統一的な市場ルールや管理にかかわる事柄を中央の権限とした。公共の安全は国家安全保障の範疇に属する事柄なので、その支出は中央が負担し、地方政府に資金を支給することはなくなる。この措置は地方政府の「安定維持」食物連鎖のうまみを大いに減殺することになるだろう。

イギリスの作家ジョージ・オーウェルが著した政治風刺小説『一九八四年』は、世界三大反ユートピア小説のひとつに数えられる傑作である。この小説中の架空国家、オセアニアは常に戦争状態に置かれ、民衆はあらゆる場所で監視とコントロールを受けている。頂点にいるのはただ一人の至高無上の存在、「ビッグ・ブラザー」である。「ビッグ・ブラザー」は特権階層を構成する核心的な党員たる「党中枢（Inner Party）」を使って社会全体を支配し、すべての自由で独立した思考は「犯罪思想」とみなされて弾圧される。「安定維持」体制のコントロール下にある中国社会は、実際にはとっくに『一九八四年』の現実版を実現してしまっているのだ。

本章では社会の存続を支える「四つの要素」の現状を分析してきた。そのうち、健全な生態系、基本的な生存条件、倫理・道徳という三つの要素はすでに深く傷つき、大きく損なわれている。ただひとつ残った政府の暴力だけが中国をようやく支えているのである。

【原注】

＊１　徐凯等《公共安全账单》、《财经》杂志、２０１１年第11期。
＊２　John Lee, "If only China were more like Japan", Bloomberg Businessweek, August 31, 2010.
＊３　孙立平《社会失序是当下的严峻挑战》、经济观察网、２０１１年2月28日。
＊４　传播大数据《互联网形塑群体性事件、处置一元化框架有待探索——群体性事件舆情年度报告》、汤景泰、王雪《２０１５年中国群体性事件研究报告》、参与、２０１６年3月17日。
＊５　《２０１５年中国群体事件统计》、非新闻（https://newsworthknowingcn.blogspot.jp/2016/01/2015.html）。
＊６　《中国维权网站六四天网、非新闻获〝无国界记者〟组织新闻自由奖提名》、自由亚洲电台、２０１６年10月26日。
＊７　《城市拆迁等五方面问题成信访工作重点》、中国新闻网、２００７年3月28日。
＊８　沈晓杰《城镇居民〝房情〟大盘点：官员〝说大了〟人均住房面积》、新华网、２００７年10月8日。
＊９　陈苏《中国获今年最严重违反住房权奖》、ＶＯＡ、２００５年11月29日。希望《人权组织：中国为奥运强迫百万人搬迁》、自由亚洲电台、２００７年12月6日。
＊10　张媛《最高检：涉农扶贫犯罪两年查办2・8万人》、新京报网、２０１５年7月22日。
＊11　何新田（人民网舆情监测室舆情分析师）等《今日舆情解读：治理村官腐败还须推进基层治理现代化》、人民网、２０１４年11月6日。
＊12　张英洪《公共品短缺、规则松弛与农民负担反弹——湖南省山脚下村调查》、《调研世界》、２００９年第7期。
＊13　刘鉴强《环境维权引发中国动荡》、中外对话、２０１３年1月2日。
＊14　杨东平《十字路口的中国环境保护》、中国网、２００６年3月22日（『２００５年：中国的环境危局与突围』

社会科学出版社刊より転載)。革继胜《环保民生指数２００６出炉 环境投诉去年增三成》、《北京娱乐信报》、２００７年1月16日。刘鉴强《环境维权引发中国动荡》、中外对话、２０１３年1月2日。

＊15 Edward Wong, "Air Pollution Linked to 1.2 Million Premature Deaths in China", The Newyork Times, April 1, 2013.

＊16 《罗锡文院士称全国3亿亩耕地受重金属污染威胁》、科学网、２０１３年6月17日。张丽娜等《土壤重金属污染集中多发 多地出现〝癌症村〟》、腾讯网、２０１１年10月14日。

＊17 吕宗恕、唐靖《中国地质科学院、地质环境监测院权威专家警示：还有多少个〝舟曲〟潜伏？》、《南方周末》、２０１０年8月12日。

＊18 《潘岳：环境立法虽多但还只停留在理想主义层面》、新华网、２００６年7月13日。

＊19 庞溟、杜韵竹《中国官场升迁指数分析：市长们怎样升官》、财经网、２０１３年5月23日。

＊20 《媒体调查基层环保局：污染企业成为其收入来源》、新华网、２０１３年4月16日。

＊21 《经济半小时：偷排暗流染醴泉》、央视网、２０１３年6月5日。

＊22 Emma Graham-Harrison, "China Adds Pollution to List of Exports", Reuters Published, January 10 2006.

＊23 林娜《官员：中国污染、洋人有责》、中外对话、２０１３年3月14日。

＊24 尹一杰、杨志锦《福佳大化身份之谜：大连ＰＸ项目面临搬迁难题》、《21世纪经济报道》、２０１１年8月11日。

＊25 《环评领域腐败频发 63家环评机构顶风违规被查处》、《京华时报》、２０１５年3月7日。陈泽伟《环保部门权力凸显 成腐败易发多发〝高危地带〟》、《瞭望新闻周刊》、２００９年4月27日。

＊26 Norman Myers, "Ultimate Security: The Environmental Basis of Political Stability", W. W. Norton & Company, 1993.

＊27 《社科院称中产阶层规模占总人口23％遭质疑》、新浪网、２０１０年２月12日。

＊28 "China's middle class: 225m reasons for China's leaders to worry", The Economist, Jul 9, 2016.

＊29 蓝之馨《新白领失业潮：结构失衡引发就业难》、《第一财经日报》、２０１３年７月12日。《企业接连倒闭、搬离国外、失业潮真的来了吗》、搜狐网、２０１６年12月23日。《美国又一巨头逃出中国！外资撤离潮再次敲响警钟》、文华财经、２０１７年１月17日。杨丽《甲骨文２０１７将迎来大规模裁员、究竟意欲何为？》T客汇、２０１７年１月16日。

＊30 卢家骅《中国的新消费阶层崛起》、２０１５年９月。〔英文はGoldman Sachs, "The Rise of China's New Consumer Class."〕

＊31 《胡润：中国亿万富豪高达５６８名，首超美国成世界之最》、汇通网、２０１６年２月25日。

＊32 《中国中产移民潮：不为政治自由而为生活质量》、网易、２０１４年４月30日。

＊33 Luke Kawa, "Get Ready to See This Globalization 'Elephant Chart' Over and Over Again : The non-winners in globalization are the Western World's middle classes", Bloomberg, June 27, 2016.

＊34 《习近平：坚持总体国家安全观 走中国特色国家安全道路》、新华网、２０１４年４月15日。

＊35 《南京大学小百合ｂｂｓ论坛复建情况》、南京大学考研网。

＊36 Gary King, Jennifer Pan, and Margaret E. Roberts, "How the Chinese Government Fabricates Social Media Posts for Strategic Distraction, not Engaged Argument", 2017.

＊37 《网络舆情分析师成官方认可职业 从业者达２００万》、新华网、２０１３年10月３日。

＊38 孟建柱《着力强化五个能力建设 全面提升维护稳定水平》、《求是》、２００９年12月１日。

＊39 田建平《成果巡礼：创建平安校园 优化育人环境——我校创建〝陕西省平安校园〟综述》、西安理工大学网站、

2008年11月20日。

＊40 唐建权《采访开鲁县县长助理、公安局党委书记、局长刘兴臣同志》、新华网、2009年8月28日。

＊41 Malcolm Moore, "Chinese police admit enormous number of spies", The Telegraph, Feb 9, 2010.

＊42 徐凯等《公共安全账单》、《财经》杂志、2011年第11期。《中国公共安全支出超军费不用大惊小怪》、新华网、2011年4月7日。陈志芬《两会观察：中国军费和〝维稳〟开支》、BBC中文网、2014年3月5日。《中国历年军费一览》、网易、2014年3月两会专题。严严、安静《2016年中国军费预算增幅降低》、德国之声、2016年3月4日。

＊43 方方《当局见村民后乌坎村问题真的解决了吗？》、VOA、2011年11月22日。

＊44 谢岳《天价〝维稳〟将拖垮地方财政》、《联合早报》、2010年10月27日。

＊45 《财政部拒延到期地方债 地方政府扎堆〝借新还旧〟》、经济观察网、2012年6月2日。

＊46 《2010年土地出让金占地方财政收入的比例高达76・6%》、《南方周末》、2011年1月14日。

＊47 《专访国土部副部长：10个贪官8个跟土地有关》、新浪网、2005年7月3日〔CCTV番組の再録〕。

＊48 《研究显示中国精神病患超1亿、重症人数逾1600万》、《瞭望新闻周刊》、2010年5月30日。

＊49 徐国华《中央军委部署军队和武警部队全面停止有偿服务工作》、新华网、2016年3月27日。

【訳注】

#1 集団性事件は民衆の集団的な抗議行動を概括する中国独特の用語である。例えば穏やかな請願や座り込みから、激しくアナーキーな集会やデモ、暴動や騒乱、襲撃や焼き討ちに至るまで、当局との衝突を含む暴力性

を帯びた出来事を総称して集団性事件と呼ぶ。このなかには、当局が集会を強引に排除したり、地元の暴力団組織（黒社会）を動員して襲撃をかけるようなケースも含まれる。

#2　著名な市民ブロガー盧昱宇は友人の李婷玉とともにブログサイト《非新聞》を運営し、大陸全土の「集団性事件」の真相を伝える動画・画像を丹念にアップしてきた。しかし、ツイッター上の更新は二〇一六年六月一四日で途絶えている。というのも、二人は翌六月一五日に「騒擾扇動罪」の容疑で雲南省大理市公安局に逮捕され、現在も勾留が続いているからである。盧に対しては取り調べ中に暴行が加えられているという。一六年一一月、「国境なき記者団」は二人に市民記者部門の報道賞を授与している。

#3　インターネット・プラス（中国語表記は「互聯網＋」）という用語がしきりと使われるようになったのは、二〇一五年三月の全人代において李克強首相が政府活動報告で用いてからである。インターネット・プラスの内容は、ネット技術の進化を着実に取り込み、あらゆる場面でビッグ・データやクラウド・コンピューティングの活用を目指すものであるが、社会統制の面では市民のSNS使用に対抗すべく、ネット技術による管理強化が強く意識されている。

#4　いずれも理財商品を名目にポンジ・スキームを仕掛けた金融業者である。例えば二〇一四年に石家荘市を中心に出資者を募った卓達集団（本業は不動産開発業）は、出資額に応じて二八％～三四％の高利回りを謳い、約四〇万人の出資者から一〇〇億元以上の資金を詐取した。

#5　二〇一〇年八月八日、四〇分で九七ミリの豪雨のあとできた自然ダムが決壊し、甘粛省甘南チベット族自治州舟曲県城関鎮の市街地を幅三〇〇メートル、長さ三キロ、厚さ平均五メートルの土石流が襲い、死者・行方不明者一七〇〇名以上、負傷者一八〇〇名以上という大惨事となった。現地はチベット族の居留地であり、当局が情報統制を敷いたため詳しい状況は不明であるが、城関鎮の復興は断念された模様である。

#6　エコGDP（環境調整済国内純生産）とも言う。自然破壊や汚染など、GDP産出で生じた環境コストをNDP（国内純生産）から差し引いたものがグリーンGDPである。環境に配慮した持続可能な発展の経済指標となるものであるが、数量化の方法には議論が多い。

#7　二〇一一年八月八日、台風九号がもたらした高さ二〇メートルの大波で、大連の経済技術開発区内にある大連福佳・大化石油化工の近辺の防波堤が損壊し、同社の貯蔵タンクからPXが漏出する恐れが高まった。近隣の住民数万人は台風のなか、避難を余儀なくされた。PXの漏出が実際あったかどうかは不明であるが、工場側は情報の隠蔽に終始し、メディアと住民の怒りを買った。PXプラントの稼働をめぐる疑惑が暴露されたことも手伝い、八月一四日には一万人を超える大連市民が抗議デモに参加した。大連市政府はデモ当日にPXプラントの即時操業停止と早期移転を決定した。その後も中国では化学工場や倉庫の爆発が各地であいつぎ、あまりにずさんな管理体制があらためて問題視されている。

#8　遺伝資源とは動植物に由来する有用な遺伝機能を持つ素材を指す。生物多様性条約では「現実のまたは潜在的な価値を有する遺伝素材」と規定され、遺伝子工学の発展を背景に、食品・農産物の改良や環境浄化技術、エネルギー、医薬品など幅広い活用が見込まれている。

#9　中国では海外移住を目指してあれこれ方策を練る者が多く、海外移住斡旋業者も乱立している。雇用主指名永住ビザはオーストラリアなどが導入している制度で、適切な企業運営をしている移住地の雇用主から高い技術・経験・資格を要する業務が提供されることを証明する必要がある。

#10　南京大学のBBS（電子掲示板）小百合は一九九七年七月に設立され、学内掲示板としてだけでなく、多数の登録者数を抱える民間の有力BBSとして運営されてきたが、二〇〇五年三月に北京大学の未名、清華大学の水木清華、復旦大学の日月光華、上海交通大の飲水思源、西安交通大の兵馬俑BBSなどともに一斉に

閉鎖された。これは当局によるネット規制の一環であり、新たに開設された官製の南京大学ＢＢＳでは実名登録制とともにネット評論員制度が採用された。なお、閉鎖された小百合は同年四月にアメリカで独自に海外サイトを創設した。

結語　脱グローバル化の世界情勢における中国

本書では中国の政治・経済から社会構造に至るまでの全面的な総崩れ状況を分析してきた。しかし、紙幅に限りがあるため、広範な農村地域における徹底的な壊滅状態を読者に示すことができなかった。以下では、全面的な総崩れの状態にあるこの国が、なぜ今後二〇年は完全な崩壊に見舞われずに済み、「衰退はしても崩壊しない」、「崩れそうで崩れない」状態を維持し続けられるのかを重点的に述べてみよう。

1　中国が陥った「落とし穴」とは

私が『中国現代化の落とし穴』を書いてから、かれこれ二〇年が経過した。この間、中国にはどんな変化が生じたのだろうか。ある人が冗談めかして私にこう言ったことがある。

「あなたの予言したことすべてが中国では現実になったね。ただあなたの分析より事態が深刻になっただけだよ。あの本であなたがとりあげた例証の多くは、年月日を変えて、腐敗の金額を千万元単位から億元あるいは数十億元に増やして、農村の極悪集団の凶悪さをいちだんと強めさえすれば、現状と完全に一致するしね。たしかに中国はあなたの言う『落とし穴』からはい上がれていない……」

もちろん、なかには本を読んでも中身を理解しようとしない者もいて、そういう輩に限ってネット上でこんな問いを発して気勢を上げている。——何清漣はつとに中国は崩壊するだろうと予言していたが、さて、中国は崩壊しただろうか。

私は中国がいつ崩壊するのかなどという予測を立てたことなど一度もない。私が予測したのは、中国が今後長期（二〇年から三〇年）にわたって「衰退はしても崩壊しない」状態に陥るだろうということだけだ。私が言っておきたいのは、人類の社会形態には「繁栄」と「崩壊」の二種類しかないわけではないということだ。多くの場合、社会は「繁栄」と「崩壊」の中間にある。個々の差異は「繁栄」に近いか、それとも「崩壊」に近いかにあり、そこにどんな危機が潜在しているのかということが問題なのだ。中国の崩壊を予言する人々の多くは、「繁栄」でなければ即「崩壊」だという誤謬《ごびゅう》に陥っている。同じように、中国の弊害を指摘することは中国の崩壊を予言することだというのも誤った認識である。

私は『中国現代化の落とし穴』で中国（の政権）がいつ崩壊するかなど予言してはいない。ただこう指摘しただけである。政治体制に手を触れない経済改革は中国をクローニー資本主義という落とし穴に導く。それが健全で穏やかな発展への道に導くことは絶対にあり得ないし、最終的に中国社会は「衰退はしても崩壊しない」状態に陥るだろう。ここで言う「衰退」とは壊滅、ほぼ総崩れを意味している。つまり、中国社会が政治、環境、社会道徳システムの面で全面的な壊滅状態に陥るだろうということである。「崩壊しない」というのは、政治・経済・社会組織の資源を完全に掌握している政権は一〇年や二〇年では崩壊しないということである。

中共政権が崩壊するとしたら、危機の共振現象が起きた時だけである。つまり、国内できわめて規模の大きい抵抗運動が発生すると同時に、最高統治層で激烈な権力闘争が発生し、財政危機が出現し、さらに外部から圧力（例えば「アラブの春」の時は欧米の空爆と軍事援助が反政府勢力に大きな力を与えた）がかかった場合である。ここでは、近い将来そういった事態が中国で同時発生する可能性があるかどうかを検討してみよう。

2　中共政権と欧米の政権との差異

中国の独裁政権が瓦解すべきと考えるのは、中国に一日でも早く民主化が訪れることを期待する人々の共通の願望でもあり、そのため「中国崩壊論」は一定の時間をおいて必ず登場してくる。最近五年でも、最高統治層で権力の継承をめぐって激しい内部闘争が発生していることが露見して以降、たびたび「中国崩壊論」が提出された。先に序文で述べたように、二〇一五年にデイビッド・シャンボーが「崩壊論」を提起した以外で言えば、ワシントン・ポスト紙の論説副編集長ジャクソン・ディールが一二年という早い時点でもっと悲観的な予言を表明していた。ディールはアメリカの外交専門隔月誌『ワールド・アフェアーズ』でこう述べている。中共とロシアという二つの独裁政権は全面的崩壊の運命に直面している。ところが、二〇一二年のアメリカ大統領選の二人の候補者〔オバマとロムニー〕はまったくそれへの準備ができていない〔*1〕。

ゴードン・チャンやジャクソン・ディールからデイビッド・シャンボーに至るまで、これら外部のウォッチャーたちは民主国家の経験から中国に危機が発生するかどうかを判断している。だが、それは中国の政治を民主的な責任政治と見誤ることにほかならない。

現在、中国が直面している危機の（全部とは言わず）半分以下でも、それがアメリカや日本、EU諸国で発生すれば、こうした経済危機はとっくに政治危機へと転化し、とても政権を維持することはできない（内閣総辞職に至る）ということは認めるべきだろう。例えば二〇一二年以降であれば、欧州債務危機によってギリシャ、オランダ、イタリアなどで多くの政権が倒れた。

二〇一六年のアメリカ大統領選では、ワシントンのエスタブリッシュメントを代表する政治エリートやウォール街、それに主要メディアがヒラリー・クリントンをかつぎあげた。エリートたちとメディアから厚い支持を得、選挙資金は潤沢なうえ、世論調査でも圧倒的な優勢を伝えられ、海外の同盟国からも当選間違いなしと思われていたにもかかわらず、彼女は敗れた。その原因はヒラリーが民主党のオバマ大統領とまったく同じようなアメリカ帝国のトップにのぼりつめようと願ったことにある。オバマ政権は国内の社会状況に配慮せず、自国の民衆の声に耳を傾けようとしなかった。中産階級の所得が低下し、中産階級の人数が減り貧困人口が増加している状況を顧みず、新たな利益集団を作り続けた。例えば不法移民に大赦を与えたり、中東とアフリカのイスラム系難民を大量に受け入れ、彼らに自国の貧困層より四〇％から八〇％も手厚い福祉を施した。また、ジェンダーフリーの問題を提起し、男性・女性以外の各種ジェンダーを次々と作りだし（民主党の本拠地であるニューヨーク市では三二種類もの新しいジェンダーを規定している）、すべての公立学校でトランスジェンダーの学生がトイレを多様な性自認に基づいて自由意思で選べるという馬鹿げた大統領令を出した。まるまる八年の任期中、国防費を大幅に削減する一方、一〇億ドル近い国債を発行して移民の援助にあてるほか、全世界に気前よくばらまいた。アメリカの民衆はこれに強い不満を抱いていた。そして、オバマの政治的遺産を継承し、中産階級への増税と移民を喜んで受け入れると主張したヒラリーを落選させたのである。

現代の政治は代理人に委託する政治であり、民衆は選挙で権利を行使することしかできない。しかし、数年に一度のこの選挙は要するに別の政権を選択する機会を民衆に与えているのだ。だが、中国はそうではない。中共政権は武力で奪取した政権であり、現在も銃でにらみをきかせ、民衆はほぼすべての権利を奪われている。西側諸国の人権はとっくに第四世代に入り、同性愛やトランスセクシュアル、トランスジェンダーおよびその結婚が保障される時代である。ところが中国人は第一世代の人権すら持ちあわせていない。すなわち公民の政治的権利（選挙権、言論の自由、出版の自由、集会の自由）が認められていないのだ。

中国の政治的特色は、非民選による無責任政治である。政府と共産党の首脳はそもそもみずからの失政による責任を負う必要がないし、数年に一度の総選挙で政権の座を追われる心配もない。中国を分析する外部のウォッチャーはこの点を見過ごしがちである。したがって、たとえ中国の経済が重症に陥り、実体経済が低迷にあえぎ、失業人口が増え続け、政府の借金が膨らみ、金融システムが危機に瀕し、外貨準備高が急速に縮小しようと、政府が引き続き財政吸収能力を保ち続け、資源吸収ルートが確保され、政府と暴力装置（警察と軍）等々を養えられる限り、中国共産党が政権の座を降りることはあり得ない。実際のところ、中国政府の圧倒的な資源吸収能力と強力このうえない鉄腕統治だけが、現在の中国の唯一の安定要因になっているのである。

3　危機の共振現象は起きるのか

ここで検討すべきなのは、中国の経済危機が政治危機に至るのか、そして危機の共振現象が発生するのかということである。近い将来（少なくとも一〇年以内）に共産党の統治が崩壊するような危機の共振現象は起きないというのが私の判断である。この判断は以下の事実に基づいている。中国の歴代王朝の滅亡は、いくつかの大きな危機が折り重なってやって来た時に生じることが多い。その危機とは統治集団内部の危機、経済危機（最終的には財政危機に集約される）、社会の底辺層の叛乱、外敵の侵入である。こうした危機があいついで出現したり、同時発生すると、その王朝は間違いなく滅んできた。以下では項目ごとに中国に現存する危機の要因を分析してみよう。

（1）最高統治層

二〇一二年一一月に習近平が権力を継承した前後、中共の統治集団内部では政治局常務委員会入りを狙った薄熙来の挑戦があったのは事実である。薄熙来を支持していたのは中央政法委員会書記の周永康と軍の一部の「紅二代」であった。習近平は反腐敗キャンペーンを通してすべての政敵を効果的に始末し、権力構造の再編に成功した。胡錦濤時代の「九竜治水」という寡頭独裁（集団指導体制）を党と政府と軍の権力を一身に集める個人独裁へと変貌させせた。

権力の集中と安定化という角度から見るなら、習近平はじつに着実かつ巧妙に権力固めに成功したと言えるだろう。彼は一歩一歩着実に、各個撃破のやり方で五年の間に二名の上将、すなわち中央軍事委員会副主席の郭伯雄と徐才厚（裁判中に病死）、さらに前政治局常務委員の周永康、前政治局委員で中央弁公庁主任の令計画らをすべて監獄送りにした。中央規律検査委員会のデータによれば、二〇一三年から一六年六月末までに党規律、行政規律違反で処分を受けた官僚は九一万三〇〇〇名にのぼった。司法の処罰を受けた一一二名の省・部クラス以上の党と政府の高官のなかには、今期の中央委員会の委員一〇名と委員候補一三名が含まれている［＊2］。

二〇一五年からは軍の改革が始まり、江沢民と胡耀邦の時代に築かれた軍内の権力構造は跡形もなく消し去られた。というわけで、現状のすべての様相が示している通り、次の五年の任期中に習近平の権力に挑むようなメンバーが最高統治層から現れる可能性はほぼないと言ってよいだろう。習近平には江沢民が胡錦濤に最高権力の座を明け渡したような党内ルールを守る考えは毛頭ない。彼は中国の最高指導者としての地位にこのまま留まる画策を始めている。

中共はすでに世論の方面から習近平留任（任期延長）のための準備に入っている。二〇一六年六月、人民日報に鄭秉文《ていへいぶん》〔中国社会科学院中国特色社会主義理論体系研究センター研究員、アメリカ研究院院長〕という署名のある記事が掲載された。彼はこのなかで政治的には民主化という体制転覆的な誤りを犯さず、経済的には壊滅的な打撃が出現せず、制度上に断層的な変動が発生しなければ、「中国は高所得社会という素晴らしい前途」を迎えることができるだろうと述べている［＊3］。

いわゆる「体制転覆的な誤り」を犯さないという表現は、じつは習近平自身の口から発せられたものである。それは二〇一三年一〇月、習近平が中国の国家主席という立場でAPEC（アジア太平洋経済協力）のCEOサミットに出席した際での発言である。後に人民日報の論説委員はこの発言に対して特に注解を加えた。つまり、カラー革命というかたちで現れた民主化の「第三の波」であれ、アラブの春のようなかたちでの民主化への道であれ［＃1］、中国は決してその後追いをすることはないと述べている。

さて、「制度上に断層的な変動が発生しない」とあるなかの「制度」とは、社会主義制度ではなく、中共の最高指導者の権力掌握のあり方とその効果的な権力行使を保証する各種の制度を指している。習近平が執政して以降、権力構造と権力行使のあり方について従来の政治ルールがすぐに書き改められ、江沢民時代の集団指導体制は個人の独断専行へと変貌した。鄭秉文が「制度上に断層的な変動が発生しない」とことさら強調しているのは、習近平が新たに改定した政治ルールを変えてはならないということを指している。第一八回党大会（二〇一二年一一月）前後の権力交代の時期に「制度上の断層」

で生じた軍・政界での人事の大変動はパニックを引き起こし、人心の不穏をもたらしたが、そのようなことは二度とあってはならないのである。

「制度上の断層」を出現させたくないなら、選択肢はひとつしかない。ナンバーワンを取り換えないことである。こういう考え方は二〇一六年一〇月に開催された第一八期中央委員会第六回総会（六中全会）のなかでも確認できた。しかもコミュニケはこう謳っていた。「全党の同志は習近平を核心〔#2〕とする党中央の周囲に緊密に団結せよ」

現在、習近平が任期満了を迎えるまでまるまる五年が残されている。彼が江沢民以降に定まった総書記の任期は二期一〇年のみというルールを変えたいと望むなら、時間はたっぷりとある。あとはただどういう風に変えるかだけである。総書記の任期を増やして二期を三期、四期に延ばすか、それともいっそのこと無期限にするか、あるいは総書記制を大統領制にするか、これらはいずれも技術的な枝葉末節の問題にすぎない。党内の抵抗は外側が想像するほど強くはないはずだ。事実、中共の利益集団は民主化への願望よりはるかに強く共産党が崩壊しないことを望んでいるし、海外に移住するだけの財力がない中下級の役人と中産階層は、習近平がこの壊滅寸前の山河をなんとか持ちこたえ、致命的な災厄が訪れないことを願ってさえいるのだ。

(2) 経済危機(何より財政危機)は出現するのか

習近平にとって何より心配なのは、いわゆる統治集団内部に潜伏する敵対者でもなければ、政治面で「体制転覆的な誤り」が生じることでもない。それは経済面で「壊滅的な打撃」が発生することである。この点については習近平であれ李克強であれ確信は持てていないはずだ。中共も「中国経済はL字型の軌道に入った」という言い方はしぶしぶ容認しているが、経済不況という言葉は断じて認めないだろう。現在、中国経済の各分野に好材料は見当たらない。企業の倒産は数多く、労働者の失業は増加し、外資の投資も減少の一途をたどっている。最後の防衛線として金融システムを防波堤にするしかない状況である。金融システムは一国の経済の中枢神経であり、どんなことがあっても死守しなければならない。そのため、二〇一六年八月から中国政府は全力をあげて通貨の安定、すなわち急激な元安の回避に取り組むようになった。通貨安定のカギを握る戦いは外貨準備高をめぐる攻防戦である。それは三兆ドルという「心理的節目」となる大台を確保する戦いである［#3］。

だが、これらすべての危機は、まだ政府の財政危機に直結するものではない。中国政府が他国の政府と違う最大の点は、それが専制政府であり、資源を集中させる能力が民主的な政府とははけた違いに強いということである。執政者が危機はどこにあるかを察知さえすれば、その防衛能力は民主的な政府より、とりわけ無力で弱々しい民主的な政府よりはるかに高い。二〇一六年に中国はGDP成長率の緩やかな減速という状況のなかにあって、全国の税収は一一・五九兆元に達した。これは前年比四・八%の増加である［＊4］。さらに今後数年以内に、地方政府の税収増加の重点は不動産税の徴収に向けられるだろう。

不動産税〔固定資産税に相当〕は世界各国で徴収されている税目であるが、中国ではなかなか実施されなかった。その原因は中国の不動産価格があまりにも高いことにある。第四章でも述べた通り、中国の都市部の自宅所有率は九割近くにも達している［＊5］。多くの金持ちや党と政府機関の幹部は基本的に二軒以上の住宅を保有しており、一〇軒以上を保有している者も珍しくない。したがって、ほぼすべての中国人が不動産税の徴収には強い抵抗感を抱いている。その理由は不動産価格が所得に較べてあまりに高いことにある。二〇一五年の不動産平均価格は年収の二二・九五倍にも達し、中国は世界一二七か国中、第一四位である［＊6］。ところが一五年の中国人の平均年収は七八二〇ドル前後であり、世界一九七か国・地域中、第七四位なのである［＊7］。もし不動産価格にパーセンテージをかけて課税するとなると、大半の中国人には耐えがたい重税となるだろう。よほど万策尽きた状況でない限り、中国政府とて民衆の怨みを広く買うような真似はしたくないはずだ。

二〇一七年二月に公布された国務院の「政府の資源配置方式のイノベーションに関する指導意見」では、明確に「各地域の不動産税、養老および医療保障などの方面におけるイノベーション探求を支持する」と述べている。これは財政難にあえぐ地方政府に不動産税の徴収を許すという意味である。しかも表面的には中央の権力を地方に譲ったかたちにみえるが、実際は権力を譲ると同時に、中央からの強い圧力が地方政府にかかっているのである［＊8］。

以上の分析で私が述べたかったのは、中国政府に財政危機はここしばらくは訪れないということである。不動産税はやはり脂身たっぷりでうまみの大きい税目である。中国政府が財政的に国家の暴力装置を支え続けられる限り、中共政権が崩壊することはあり得ない。

(3) 国内の反対勢力

中国政府は高度に組織化された完全武装の独裁政権である。その武装力は中国の歴代王朝のなかでもずば抜けている。この世界第三位の軍事大国に対峙する民衆は、刃物類を購入することさえ制限を受けている始末である。当局の武装力と民間の抵抗力の格差には前代未聞の開きが生じている。第五章では各種の社会紛争の起因とその組織形態について述べたが、二〇一五年七月九日に始まった「一斉摘発行動」によって権利擁護活動家が一網打尽にされた後は、国内ではたとえゆるいつながりであっても組織的な反対勢力は一掃された。つまり、軍事クーデターでも起きない限り、中共の統治を武力で終わらせることは不可能なのである。

国内の政治的反対者は長年、「海外の民主化運動団体」を後ろ盾にしてきたと言われているが、実際はこの三〇年、さまざまな理由で海外に流亡してきた中国の異論者を広く指す言葉にすぎない。この実体のない「団体」に組織的な力は備わっていない。それは中国政府が長期にわたって異論者グループのなかに「砂粒を混ぜる」（第五列、つまりスパイを送りこむ）ことができたからであるが、民主化活動家自身にも問題がある。国内外の彼らが相互に争い、血道をあげて排斥しあう情熱は、中共政権に反対する情熱を上回っており、大同団結する可能性はほとんどない。

歴史をひもとくと、どんな国家（中国の歴代王朝も含む）であれ深刻な政治的危機が発生すると、組織力とカリスマ性を持った反対勢力がその機に乗じ、あるいは危機を利用さえして旧体制を転覆してきた。中国の現段階では、こういった組織力のある力は見当たらない。

この「ばらばらの砂」のような状況は、断じて異論者の悲哀のみにとどまるものではない。それは中国の悲哀にほかならない。中共政権はみずからの権力奪取の経験に基づいて社会の反対勢力を消滅させ、民間の自己組織化能力を破壊してきた。しかし、それは同時に社会の再生機能を奪うことを意味している。

以上から、今後一〇年以内に中共政権が崩壊するような危機の共振現象が発生しないことは明らかだろう。だが、だからと言って北京がまともな政府のように中国をきちんと統治し、危機に満ちた社会を正常な軌道に導くと期待してはならない。中共政権は高圧的な安定維持、プロパガンダ・マシーンの運用、批判的言論の封殺を除けば、その他の正常な管理能力をもはや失っている。この「衰退しても崩壊しない」状態が長引けば長引くほど、中華民族が社会の再建に要する資源はますます失われてしまうのだ。

4　中国が直面する外部の圧力

中国の歴史では、西周《せいしゅう》・唐・宋・明などいくつかの王朝が末期の衰退のなかで異民族の侵入を受けて滅んでいった。中国共産党自身もソ連の全面的支援を受けて国民党に戦勝し、政権を奪取した。こうした歴史的経験から、中共政権は一貫して外部の力が中国に影響を及ぼすことを「平和的転覆」と呼び、二〇〇五年からは「カラー革命」と改称してきわめて厳格に警戒してきた。もちろん「平和的転覆」の動きがないわけではないが、その実際の効果からみて、中共政権は体制をあげて過剰なまでの防衛措置を施している。

（1）アメリカの対応

中国が対処する国際環境のなかで、何より重きが置かれているのは中米関係である。一九七二年の衝撃的なニクソン訪中から七九年の国交樹立までの立役者はヘンリー・キッシンジャーである。彼の外交理念はアメリカ外交が米中関係を処理する際の教科書のような役割を果たしてきた。数十年の鍛錬を経て、この理念は「接触、影響、協力、変革」という実践方針に濃縮されたが、それは柔軟性に富んでいる。ビル・クリントンが大統領に就任してから、この原則は二本の大筋にまとめられた。経済交流が主、人権問題は従、である。その後、この原則が変更されたことはない。クリントン時代〔九三年～〇一年〕には「接触、影響、協力」が重視され、「変革」は努力目標になった。ジョージ・ブッシュ大統領の時代〔〇一年～〇九年〕には対テロ戦争の面で協力を強化する必要に迫られたため、「協力」を重視するとともに「影響」についてはそれを及ぼすふりを装った。例えばクリントン時代に取り決めた対中法律援助プロジェクトの正式開始である（とはいえ、○三年に登場した中国の人権派弁護士グループはこのプロジェクトの成果である）。バラク・オバマ大統領は一期目にはつとめて「協力」を図ったが、二期目には中国のハッキング問題、スノーデン事件、南シナ海問題など中国との軋轢《あつれき》がたびたび生じた。だが、「協力」を図るという姿勢に変わりはなく、ただ「変革」は基本的に放棄された。今日に至るまでアメリカの外交戦略の思考のなかでは、あくまで敵はロシアであり、中国はパートナーという関係である。双方の関係の変化にともなって「パートナー」の前につく修飾語が変わってきただけである。関係が良好な時には「戦略的パートナー」になり、関係が悪化した時には「重要な貿易パートナー」になり、時には大ざっぱに「協力パートナー」とだけ呼ばれることもある。

（2）NGOの役割

アメリカが中国に「影響」と「変革」をもたらす試みにツールとして用いたのは各種NGO（非政府組織）の派遣であった。

クリントン政権のアメリカは、江沢民が統治する中国と短期間の「蜜月」を過ごしたことがある。クリントン政権の当初、アメリカは人権外交政策を定めた。「協力」は主にNGOを通して実施され、アメリカを中心とするさまざまなNGOが中国へ渡った。

中国が世界第二の経済体に躍進する前、世界の先進国の多くが、国連も含めて、中国に惜しみない援助を提供した。そして、こうした資金の流入とともに国際NGOがどっと中国へ押し寄せることになった。なかでも目立った活動を展開したNGOにはアメリカのフォード財団、オックスファム・香港、プラン・インターナショナル、アクション・エイド、ワールド・ビジョン、セーブ・ザ・チルドレン、ヘルス・アンリミテッド、世界自然保護基金（WWF）などがある。彼らは主に環境保護、貧困撲滅、性差別解消、基礎教育などの分野で援助活動を展開した。

国連の報告によれば、過去二〇年余りで日本やヨーロッパをはじめとする西側先進国、さらに世界銀行などの国際組織が中国に総計一一六一億ドルの経済援助を提供した。これには無利息または低利息の借款と無償資金協力があるが、大半が無利息または低利息の借款であった。この資金は主に教育、エネルギー、鉱物資源採掘、環境保護、保健衛生、農村部門、交通、給水施設、衛生施設に投じられ、中国経済の高度成長に大きく貢献した。関連統計が未整備のため、中国にいったいどれくらいの海外NGOが存在しているのか、これまでずっと謎であった。清華大学NGO研究所のリポートによれば、海外NGOの総数は一万前後と推定され、そのうち約四割をアメリカのNGOが占めていた［＊9］。

二〇一〇年に中国のGDPは日本を抜き、世界第二の経済体になった。西側諸国は援助を受けた中国が豊かになったことに満足するだけでなく、中国が「世界経済を救済するノアの方舟」の役割を担うことを期待するようになった。つまり、中国の位置づけの見直しを図ったのである。その結果、国際援助は次第に減少または中止となった。この情勢下で中国政府は外国から資金を援助してもらっている草の根NGOを許容する必要はもはやないと判断した。加えて国内の政治・経済状況が日増しに悪化していることもあり、ついに海外NGOの処断に踏み切ったのである。一四年四月一五日、習近平が招集した中央国家安全委員会第一回会議で、国家の安全に関する再定義の講話を発表した後、国家安全委員会は在華の海外NGOを徹底調査し、新たに「海外NGO国内活動管理法」を制定した。この管理法によって硬軟とりまぜ七〇〇〇余りの、外国から資金援助を受けたNGOが活動を禁じられたのである［＊10］。

アメリカは多数のNGOが中国に入ることで「接触、協力」を展開し、「影響、変革」の目的を達成しようと明らかに望んでいた。そのため中国側の協力者には主に当局傘下の各種機関を選んできた。香港中山大学社会学部のアンソニー・J・スパイヤーズ准教授はファウンデーション・センター（www.foundationcenter.org）のデータベースから統計記録を分析し、次のような事実を明らかにしている。二〇〇二年から〇九年の間に、アメリカの各財団の対中援助は約四・四三億ドル（香港・マカオ・台湾は含まず）に達し、資金の援助先は学術機関（中国の学術機関はすべて官営である）、政府部門、官製NGOがそれぞれ四四・〇一%、二五・三八%、一六・六二%であり、この三種への援助が総額の八六・〇一%を占めている。一方、民間の草の根NGO（人権派弁護士や公民権を提唱する小さな民間組織）への資金援助は五・六一%にすぎない［＊11］。EUやその他の西側諸国の民間NGOへの援助比率も推して知るべしで、だいたいこれくらいのものだろう。

（3）米英両国の民主化放棄

この巨額の援助は人権や環境保護、衛生保健、貧困救済など各分野に及んでいる。営利を目的とした企業と異なり、こうした組織の成果はそもそも良心に基づくものと考えられ、外部からの業務評価を受けるものではない。その「政治的正しさ」ゆえに誰もあえて疑問を投げかけようとはしなかったのである。だが、保守派で知られるヘリテージ財団のジェームズ・ロバーツによるこれまでの援助への評価は「アメリカやOECD（経済協力開発機構）の西側諸国が提供した援助のうち、非常に多くは結局、腐敗した政権の延命に手を貸したにすぎない」というものである。オバマ政権時代のアメリカの対外援助にもそうした例が数多く見られた。二〇一七年になって「政治的正しさ」など意に介さないトランプ大統領がホワイトハウス入りし、ようやくこの状況が打破されようとしている。オバマ大統領が遺した二〇億ドルという巨額の債務に対処すべく、新政権は財政支出の削減を予定している。すべての対外援助は新大統領と国務大臣の詳細な審査を受け、援助は財産権と法治の強化にいそしみ、腐敗と闘う国に優先権が与えられるだろう［＊12］。

中国はまさしく「財産権が不透明で、法治を実施せず、高度に腐敗した」専制国家であり、中国に対する各種援助は停止される可能性が高い。これに対する中国国内の反応として、「トランプはアメリカのカラー革命輸出に終止符を打った」という怪文書が流され、ネットで大きな反響を呼んだ。これとほぼ時を同じくしてもうひとつ別の大きなニュースが流された。イギリスのメイ首相がフィラデルフィアで講演し、こう発言したのだ。「英米が主権国家に介入し、みずからのイメージに合わせて世界を作り変える日々はすでに終わりを告げた」[*13]。この発言は、英米が対外的に民主化を推進する政治的努力を終えたことを正式に宣告するものであり、世界の注目を集めてしかるべき内容であったが、大半の英米メディアと中国政府から完全に黙殺されてしまった。

トランプ政権はグローバル化のリーダー役から降りることを望んでいる。そのため、中国は西側の政界や主要メディアからこぞってグローバル化の新たな旗手に持ち上げられた。この事態に関するコメントは非常に多いが、なかでもニューヨーク・タイムズ紙(二〇一七年一月二五日)に掲載された闇学通《えんがくつう》の「トランプ時代は中国にチャンスをもたらす」[#4]という論評は、中国側の意向を最もストレートに表明している。この記事の主旨は、第一に中国が世界のリーダーになるのは時代の選択であること、第二に中国はすでに世界のリーダーを引き受ける能力を備えていること。結論としては、中国の指導者はトランプ就任後に形成された国際的リーダーシップの真空状態をすでに埋め始めており、中国は環境保護政策でもリーダーシップをとる用意があるというものである。

というわけで、欧米の全盛期には中国への関与と言えばアメリカの「接触、影響、協力、変革」であったのだが、今やグローバル化の情勢は逆転し、「影響、変革」がなくなったどころか、中国はグローバル化の新たな旗手にまつりあげられているありさまである。これまで中国政府に彼らが貼りつけていたレッテルは「自由と民主主義の敵」、「インターネットの敵」、「報道の自由の敵」であった。そのため、中国政府は「カラー革命」の防止に躍起となり、「体制をあげての過剰な防衛」と言ってよいほどの対応をしてきたのである。西側国家、とりわけアメリカが中国に軍事介入して「中国人民を解放する」ことなど虚しい幻想にすぎないことは言うまでもない。

中国の問題は、最終的にはやはり中国自身に解決させるほかないのである。

5　中国が抱える最大の問題とは何か

中国人にとっても、あるいは中国の隣国にとっても、最も重要な問題は中共政権がいつ崩壊するのかということではなく、中共政権が歴史の舞台から退場した後、中国に社会を再建するだけの能力が備わっているのかということである。それは中国の未来にかかわるだけでなく、中国の周辺国の安定にもかかわる問題である。

中国にとってある種の問題、例えば政治的権利の問題などは民主化によって解決が可能である。だが、民主化がなった後も引き続き中国を深く悩ませる問題が数多くある。例えば中東と北アフリカの「アラブの春」の四か国（チュニジア、エジプト、リビア、シリア）と同様の失業問題である。これらの国々と比べても、中国には固有の問題が多々ある。例えば、深刻な環境汚染、資源の高すぎる対外依存度、過剰な人口という問題である。

中国はわずか二〇年余りのグローバル化のプロセスで二度の「役割転換」を経験してきた。一つ目は後進的な農業国兼人口大国から、世界に安価な工業製品を提供する「世界の工場」への転身であった。二つ目の転換は一つ目と同時に始まったが、やや遅れてやって来た。二〇〇五年以降、不動産業と公共事業が中国経済の発展を引っ張る「竜頭（先導役、リーダー）」になってから、中国はしだいに資源と農産物の世界最大の買い手となった。オーストラリアと南米・アフリカの資源国は、この二〇年余り、中国の膨大な需要に支えられて自国の経済を発展させ、雇用を促進させてきた。一〇年を境に「世界の工場」としての中国の地位が急速に低下し、経済成長の伸び幅も緩やかになったため、中国向けに原油、鉄鉱石、各種鉱産物を輸出していた資源国は、今や経済の低迷と雇用の縮小という苦境に立たされている。

中国経済がいかに脆弱かは、以下にあげる基礎的資源の需要状況を検討するだけでも十分知ることができるだろう。

二〇一三年一〇月、中国は日量六二四万バレルのアメリカを抜いて、正式に世界最大の石油純輸入国となった［#5］。一五年の「国内外石油天然ガス業発展報告」によれば、二〇一四年の中国の石油輸入量は約三・〇八億トンで、石油の対外依存度は五九・五％に達した。

中国の食糧自給率は二〇一四年には八七％まで低下した［＊14］。農産物全体の自給率はほぼ七〇％であり、残りの三〇％は国際市場で調達しなければならない。世界中の豚肉の半分は中国人の胃袋に入っている。大豆は中国における植物油の主原料であり、中国の大豆消費量は全世界の二二％に達している。現在、中国に大豆を輸出しているのは主にアメリカ、ブラジル、アルゼンチンの三か国である。中国はオーストラリア、アメリカ、カナダから小麦を輸入しているが、この三か国だけで小麦輸入の九〇％を占めている［＊15］。

最新の人口統計によれば、二〇一六年末における中国の人口（香港・マカオを含めず）は一三億八三〇〇万人である。「アラブの春」に巻き込まれた四か国の人口は約一億二二〇〇万人（エジプト八二〇〇万人、チュニジア一〇八九万人、リビア六二〇万人、シリア二二八五万人）で、中国の一〇分の一にも満たない。この四か国では一一年の「アラブの春」以降にＩＳＩＳ（イスラム国）が登場し、シリアは今なお戦火のさなかにある。他の三国も革命前の生活水準に回復せず、高失業率は昔のままで、職を持たない大量の青壮年人口が社会不安の要因となっている。シリアなどイスラム系諸国の難民がどっと押し寄せたヨーロッパ大陸は混乱のなかで「安全」を失ったが、これはアメリカにおける政治的急転換の原因のひとつとなった。半数以上のアメリカ国民がオバマの移民政策に不満を示していたのに、ヒラリー・クリントンは国境の開放を認めていた。彼女がホワイトハウス入りのチャンスを逃したのはこれも一因だろう。

「アラブの春」の経験を前にすれば、中国という世界一の人口大国に深刻な社会的混乱をもたらすような革命が発生することを望む人はいないだろう。アメリカ大統領を二期務め、中東情勢に持続的に関与してきたオバマ大統領が「弱い中国は強い中国よりもなおいっそう脅威である」と語った真意はそこにある。それは「アラブの春」が長い「アラブの冬」に転じてしまった痛切な教訓に基づいているのだ。

今や米英は世界に民主主義をおし進める使命を放棄しようとし、グローバル化の大きなうねりは、すでに逆流と化している。この百年というもの、中国はいわゆる「民主化の四つの波（西側のリベラル派は二〇一一年の「アラブの春」を「民主化の第四の波」と呼んだ）」の衝撃を首尾よくかわし、すべての矛盾を内部で片付けてきた。しかし、グローバル化の背景のもと、シリアなど中東諸国の矛盾は外部に拡散し、西側諸国の存立を脅かしている。この事実の経験に基づくなら、「中国問題」への思考には新たな視角が必要である。国際社会は中共政権がいつ崩壊するのだろうかと空想に思いを馳せるよりも、この壊滅寸前の国にどう対処すべきかを真剣に考えたほうがよいだろう。

【原注】

＊１ Jackson Diehl, "The Coming Collapse: Authoritarians in China and Russia Face an Endgame", World Affairs, Sep/Oct, 2012.

＊２ 《盘点十八大以来中共高层换血：下马的和上位的都是谁?》、端传媒、２０１６年10月24日。

＊３ 郑秉文《从国际经验看如何长期保持增长动力》、《人民日报》、２０１６年６月12日。

＊４ 《２０１６年中国税收收入增长４・８％》、中新社、２０１７年１月12日。

＊５ 马汉青、方能《数据显示中国城镇家庭住房拥有率高达87・０％》、新浪网、２０１４年６月17日。

＊６ 心路独舞《一组数字告诉你中国房价的世界排名》、新浪博客、２０１５年10月８日。

＊７ 维基百科《各国人均国民总收入列表》、２０１５年。

＊８ 《〝房地产税〟快来了！２０１７年房价终于要跌了?》、腾讯网、２０１７年２月12日。

＊９ 向莉等《有近万境外ＮＧＯ在华奔波 常因敏感惹争议》、环球网、２０１４年８月21日。

＊10 黄安伟《中国立法授权公安部门管理境外ＮＧＯ》、《纽约时报》、２０１６年４月29日。〔英文は Edward Wong, "Cla-mpdown in China Restricts 7,000 Foreign Organizations"〕

＊11 陈仲伟《美国基金会对华援助究竟花落谁家?》、政见网、２０１２年４月９日〔"US Foundations Boost Chinese Government, Not NGOs", Yale Global Online, 2012. も参照〕。

＊12 《川普政府将审查美国援外项目》、ＶＯＡ、２０１７年１月17日。

＊13 《英首相：英美应坚定站在一起维护共同利益》、ＢＢＣ、２０１７年１月26日。

＊14 李艳洁《农业部专家：我国粮食自给率已跌到了87％》、新浪财经、２０１４年６月７日。

＊15 《除了石油 中国大米进口量也是世界第一》、腾讯财经、第97期、２０１６年１月20日。

【訳注】

#1 カラー革命（別名、花の革命）は二〇〇〇年前後から始まった、旧共産主義国における非暴力抵抗による政権交代劇を指す。セルビアのブルドーザー革命（二〇〇〇年）、グルジアのバラ革命（〇三年）、ウクライナのオレンジ革命（〇四年）、キルギスのチューリップ革命（〇五年）と続いた一連の動きは中東欧から中東地域へと波及し、一〇年からはアラブの春が出現した。いずれの革命も独裁的で腐敗にまみれた旧政権の打倒を目指した。民主化の「第三の波」とはサミュエル・P・ハンティントンが規定した、一九七〇年代以降の権威主義的な非民主主義国家における民主化プロセスを指す。カラー革命もアラブの春も、その構想は「第三の波」の延長線上にあると言えるだろう。

#2 核心という呼称はこれまで毛沢東・鄧小平・江沢民に対してしか用いられてこなかった。それはとりもなおさず習近平が中国共産党において別格的な最高指導者としての地歩を固め、権力集中が一気に進んでいることの端的な表現である。二〇一七年三月の全人代においても「習近平は党中央の核心」という表現は踏襲されている。

#3 中国の外貨準備高は二〇一四年六月の三・九九三兆ドルをピークに減少し続け、一六年末には三・一〇五兆ドルで、一年で三二〇〇億ドル減少した。背景には人民元の下落を防ぐために中国当局がドル売りの為替介入を実施していることがある。一七年一月にはついに二・九九八兆ドルと大台割れしたが、二月には八か月ぶりに増加に転じ、三・〇〇五兆ドルに戻した。当面は三兆ドルの大台という「心理的節目」をめぐる攻防が続くと予想される。

#4 英文のタイトルは"China Can Thrive in the Trump Era"である。ニューヨーク・タイムズ紙に寄稿した閻学通は清華大学の当代国際関係研究院院長。

#5　日量の計算は、液体燃料消費量の合計から国内生産量を引いた数字から導かれる。アメリカのエネルギー情報局のデータによれば、二〇一三年九月の中国の石油純輸入量は日量六三〇万バレルに達し、六二四万バレルのアメリカを上回った。

中国――とっくにクライシス、なのに 崩壊しない"紅い帝国"のカラクリ

在米中国人経済学者の精緻な分析で浮かび上がる

著者 何清漣
程暁農
訳者 中川友

2017年5月25日 初版発行
2017年7月1日 2版発行

何清漣（か・せいれん）

1956年、湖南省邵陽市生まれ。上海復旦大学で経済学修士号を取得。深圳法制報で記者生活を送り、中国社会科学院の特約研究員。政治経済学の視点から共産党統治の構造的病弊と腐敗の根源を暴く言論を貫き、01年に米国へ脱出。現在はボイス・オブ・アメリカのコラムニストとして精力的に発言を継続している。著書に『中国現代化の落とし穴』（草思社）、『中国の嘘』『中国の闇』（ともに扶桑社）など。

程暁農（てい・ぎょうのう）

1952年、上海市生まれ。中国経済体制改革研究所の総合研究所元主任。独仏に留学後、米プリンストン大学博士。『当代中国研究』誌編集長を務めた後、現在は同大の当代中国研究センターCEO。気鋭の経済社会学者として現代中国の現状に批判的分析のメスを振るっている。

発行者 佐藤俊彦
発行所 株式会社ワニ・プラス
〒150-8482
東京都渋谷区恵比寿4-4-9 えびす大黒ビル7F
電話 03-5449-2171（編集）
発売元 株式会社ワニブックス
〒150-8482
東京都渋谷区恵比寿4-4-9 えびす大黒ビル
電話 03-5449-2711（代表）

装丁 橘田浩志（アティック）
小栗山雄二
DTP 小田光美（オフィスメイプル）
印刷・製本所 大日本印刷株式会社

ISBN 978-4-8470-6111-0
ワニブックスHP https://www.wani.co.jp